U0451465

窥道路向
（论"不异"）

〔德〕库萨的尼古拉 著

高语含 译

Nicolaus Cusanus
Vom Nichtanderen
(De li non aliud)

本书据海德堡科学院委托 Felix Meiner 出版社的 Opera omnia（全集版）
并参考了 Paul Wilpert 与 Wilhelm Dupré 的德译本译出

中译本导言

库萨的尼古拉（Nikolaus von Kues，拉丁化：Nicolaus Cusanus，1401—1464）是处于中世纪晚期与近代早期之交的天主教哲学家与神学家，生于摩泽尔（Mosel）河畔的库伊斯地区，即今日德国莱茵兰-普法尔茨州的贝恩卡斯特尔-库伊斯城（Bernkastel-Kues），死于意大利翁布里亚的托迪（Todi）市，父亲是富有的船夫兼商人。库萨于1416年进入当时盛行唯名论哲学的海德堡大学艺学系（facultas artium）学习，随后于1420年转至帕多瓦大学研习教会法，并于1423年获得法学博士学位。1425年，库萨在科隆大学注册（或许曾于彼处任教），在那里结识了长他六岁的荷兰经院哲学家——先后任教于艺学系与神学系的海美利库斯·德·坎颇（Heymericus de Campo）教授。这位教授从属于大阿尔伯特（Albertus Magnus）的经院学术传统，他使得库萨经由伪狄奥尼修斯（Pseudo-Dionysius Areopagita）的著作接触到了天主教内部的新柏拉图主义，对其日后的哲学运思产生了深远的影响。库萨于后来的教会改革论争中扮演了重要的角色，在巴塞尔大公会议上由反对阵营转向教皇阵营，并最终取得了优胜，展现出灵活的外交手腕。凭借其对教皇的热忱效忠，他于1448年起担任枢机主教，另担任教皇使节、布雷萨诺内的采邑主教与教皇国的副主教（vicarius generalis）。此外，作为最早的一批人文主义者之一，他还是儒略历改革的重要支持者、法律史学研究的先驱与藏书家，并与当时的天文学家颇伊尔巴赫（Georg von Peuerbach）有过交集，甚至曾于1444年购置过一批天文学设备与著作。衔接中世纪与近代的过渡性贯穿库萨的一生，因而也贯穿于他的整个思想中。

在哲学-神学领域，库萨虽然广泛地接受了当时盛行的亚里士多德主义之影响，但就其立论大旨与根基而言，仍从属于所谓的天主教新柏拉图主义传统，这一传统远绍古希腊的普罗丁（Plotin）与普罗克洛斯（Proklos）对柏拉图《国家篇》、《巴门尼德篇》等著作从超越论的"太一论"（Henologie）视角所作的阐释；与亚里士多德主义以"存在论"或曰"存在论"（Ontologie）的视角出发，将"存在者之为存在者"置于形而上学研究的核心位置不同，新柏拉图主义者将"太一"（τὸ ἕν）看作万有的绝对本原，它以其绝对的单纯性甚至无法于自身之中包括存在——这将为"一"本身增添不必要的复多性而使之分裂为二，因而超越于存在之上。由此出发，新柏拉图主义于论理方面主张绝对者从根本上不可能为任何名言概念所框定，于实践方面则主张努斯通过直观自身而超越思知的活动、从而与"太一"这一至高现实性重新合一的进路——这往往导向对某种"堕肢体、黜聪明，离形去知，同于大通"（《庄子》大宗师章)的超越性内在体验之追求。我们看到,在此后的天主教哲思中,前一进路直接推动了否定神学的形成,而后一进路则与密契主义实践中对密契合一(unio mystica)的求索间存在千丝万缕的联系。中世纪以降,新柏拉图主义主要经由托名为亚略巴古的狄奥尼修斯的《神秘神学》(Περὶ μυστικῆς θεολογίας / De mystica theologia)一书而开始施影响于天主教世界,在"神秘的神学"一章中,作者明确地将通过不断遣荡"存在者"、"生命"、"善"、"权能"等诸般规定性而接近天主之隐秘的否定神学,与诉诸概念、隐喻与拟人描述的肯定神学做了区分,认为前者在某种程度上更能引领学者接近实相;然而与此同时,作为绝对者的天主自身不仅无限超越于一切肯定,甚至也同样地无限超越于一切否定之上。由此,《神秘神学》于其终点处达到了某种"否定之否定"(negatio negationis);唯有最终放弃理解之可能性的、超言绝象的合一体验——"通过什么也不知而超出心智地认知",[①]才能彻底冥契入幽玄莫测的神性之深渊中。

自伪狄奥尼修斯之后,隶属于新柏拉图主义传统的天主教哲学家们完整地继承了其否定神学-太一论与密契主义-秘教阐释(Mystagogie)两个侧面,从而与后来兴起于经院传统而逐渐占据主流的,重经验、善推理的亚里士多德主义思潮始终保持着一定的距离,其代表人物包括著名的爱留根纳(Johannes Scottus Eriugena)、埃克哈特大师(Meister Eckhart)

---

① 伪狄奥尼修斯:《神秘神学》,包利民译,商务印书馆,2012年版,第97页。

及其弟子、《德意志神学》（Theologia Deutsch）的不知名作者与本书作者库萨的尼古拉等。对于前一侧面，爱留根纳在巨著《论自然的区分》（De divisione naturae）中将"运动的"、"创造的"等在存在论意义上使用的语言描述与对天主本身适用的否定描述进行了严格区分，相信唯有声明前者是以某种隐喻性的手段被由诸受造物身上移用到造物者之上（tali nomine per metaphoram a creatura ad creatorem vocari posse,［Col. 0461C］），才能够避免将作为绝对者的造物者拉低到存在论层次进行讨论；埃克哈特大师则于其拉丁语神学著作，比如《论存在与理解于天主中是否同一》①中数次谈到，因为天主乃是万有存在的原因，故而存在就其本质而言不在天主中。至于二者的密契主义运思，爱留根纳方面有以"神鹰灵音"（Vox spiritualis aquilae，此处采取沈清松先生译法）起头的《若望福音》前言之证道文，埃克哈特大师方面则有耳熟能详的德语《讲道录》与《教诲录》供我们参考。

　　库萨一生在神哲学领域著述闳富，其思想大抵可视作继续围绕传统的否定神学与密契主义认识论两重层面展开。其中，出版于1440年的首部作品《论有学识的无知》以"无限"（infinitum）确立天主之于万有的绝对不可比拟性，而将人通向天主的道路概括为"认识到自己的无知"这一看似苏格拉底式的命题，可谓定其一生学术之规模；随后陆续出版的《关于

---

① 《论存在与理解于天主中是否同一》（Quaestio Parisiensis I, Ultrum in deo sit idem esse et intelligere），收录于《埃克哈特大师作品集》（Meister Eckhart Werke I & II），Deutscher Klassiker出版社，1993年。

隐秘的天主之对话》(Dialogus de deo abscondito, 1444/45)、《论天主的观照》(De visone dei, 1453)、《平信徒论智慧》(Idiota de sapientia, 1450)、《论本原》(De principio/Tu quis es, 1459)等著作,都可视作沿着同一方向而对主题进行不断深化与拓展的尝试,而此次译出的《窥道路向或论"不异"》(1461/62)一书,作为库萨公认"最抽象"的著作,则可在一定程度上视作库萨于晚年对这一路向上所做诸种沉思的总结。本书以对话体写就,围绕枢机主教库萨与其现实中的三位友人——修道院院长约翰内斯、昔日同窗佩特鲁斯与侍医费迪南德——之神学讨论而展开了对作为全书中心线索的"不异"概念之界说与逻辑辨析(关于三位友人的具体身份与全书结构,可参较第一章德译注[1]与[2];虽然三者皆确有其人,且与库萨间也很可能进行过主题类似的辨谈活动,但我们自不必怀疑:本书与库萨的其它对话体著作一样,未必完全是对某几场对话的忠实记录),并由此对实体与偶性、质料之作为可能性与形式之作为现实性的二元对立等经院哲学的基本论题做出了见解独到的回应。限于篇幅,导言中无法充分展开系统的诸多细节,兹就其中心概念"不异"(non aliud)试作一简要阐释。

自《论有学识的无知》一书起,库萨便始终致力于为绝对超越,因此从根本意义上是绝对不可言说的天主寻找到一个相对而言最为合宜的称谓,以便由对此称谓的概念分析出发,规避开存在论语言的使用损害天主之超越性的风险,从而逐步实现对作为终极信仰状态的"知无知"的接近。在《论"不异"》一书中,他所选取的乃是"non aliud"这一称谓。要为这一语词选取合适的汉语对应物并不容易:"aliud"一词在拉丁语的日常用法中具有两方面的意涵,既可意指与某物不同的另一个东西,译为"其他"、"另一个"、"别的"、"他者"(相当于英语的"another",德语的"ein anderer"),亦可指向事物的差异性,译为"有差异的"、"有区别的"(相当于英语的"different",德语的"anders"或"verschieden");而"non aliud"即是对"aliud"的否定。当库萨在使用"non aliud"一词称谓绝对者时,他充分利用了这种丰富的潜在意义:它既可意谓绝对者"于自身之内不包含任何差异",亦即绝对者之作为不可限定为"此"或"彼"的、不可为某种特殊规定性加以割裂的绝对同一性(库萨由此对三位一体的教义进行阐发:天主的三重位格对应于"不异"经由"不异"而将自己规定为"不异"的规定性活动,亦即绝对者的纯粹自我关联与自我指涉;在这种"不异"之内实际上并无任何实然的差异,三位之间的联结最终可以表述为"不异"、"不异"与"不异"之间的联结,参见本书第五章);也可意谓绝对者"与万有之间不存在差异",亦即绝对者相对于任何由之而产生的存在者而言,并非什么"其他的东西",并非"他者",因为其内里不存在可供与某个存在者进行区分的特殊规定。这两种意义自然是密切相关的:规定与否定乃是同一回事,于自身中包含差异的同时就意味着与其它事物有所区分,而反之亦然;倘若不考虑汉语表达习惯,而追求字面上的完全对应,"别的"、"其它"等等甚至无妨直接译为"与之相异的"。

据此,译者选择"不异"一词来尽可能与"non aliud"的这两层意涵形成对应：它不唯"于自身中不异"，亦且"不与物异"；同样，当库萨使用"aliud"一词时，他既有可能是在强调作为"差异者"的存在者，亦即一切存在者都于自身之内包含了分异的本性；也可能更多是意在表明某种"别的"或"另外的"东西。鉴于汉语终归习惯于不同场合下使用"差异"、"别的"、"其它"等不同语词，译者决定于翻译过程中视具体语境而择取合适的汉语词汇；但我们最好于阅读中时刻记得，库萨的"aliud"一词同时融摄了此二种涵义在内。当然，另一种可能的译法则是将"aliud"的"其他"、"另一个"的涵义推到幕前，将其译为"他者"，而"non aliud"则与此相应地译为"非他"——正如某些汉语与日语学界的研究者所做的那样。但译者以为，在汉语中，一来"他者"一词太侧重对象间的关系，无法直接导向形上学中"有规定、有区分之物"的意义；二来"他者"一词在当前学界语境中，已经或多或少地打上了当代法国哲学与后殖民主义话语的烙印，与库萨的纯粹形上学语境间存在较大隔膜；三来当库萨使用"ab alio aliud"等说法时，如若将之译为"相异于他者"，便或多或少地遮蔽了此处"相异"与"他者"在语词上所存在的同源性；倘若将文句译为"他于他者"、"非他于非他"云云，似又与汉语的表述习惯不尽吻合，不如"相异于差异者"、"不异于'不异'"来得妥帖。最后，这里实际上还涉及某种比较哲学的考虑，因为正如汉学家卜松山（Karl-Heinz Pohl）等学者曾部分地意识到的那样，无论是从字面的命题形式而言，还是从试图取径矛盾式的谓词使用，超越排中律与矛盾律对超越性思辨的桎梏，进而将不可言说的绝对性投射在语言中的最终旨趣而言，库萨自《论本原》甚至更早时候便开始使用的诸般否定式，与中国哲学中三论宗的所谓"四重二谛"，唐代重玄学的"非有非无"、"道物不一不异，而离道无物"、"同非冥然同，异非条然别"等等论题间都存在令人讶异的可比性。这种思路乃至方法上的趋同，于作为库萨后期集形上思辨之大成的 *De non aliud* 一书中表达得愈发充分；这一点仅于库萨对天主与受造物之同一性与差异性的双重否定中便可见一斑："正如感性的寒冷之物并非被思想的寒冷，尽管它与那寒冷全然不异那样；被思想的寒冷也并非第一本原，尽管这第一本原，也就是'不异'，并不异于它"（第十三章）。如此种种，不一而足，导言中难以展开周详的讨论；个中关窍，尚须读者自辨。而由此可见，倘若将"non aliud"译为"非他"等等，固然无伤宏旨，但多少也会影响到这种对应的直接体现。综上所述，译者最终决定，仍主要以"不异"——"差异者"这对概念来对应库萨语境下作为绝对者的"non aliud"与作为存在者的"aliud"。

过往的研究者每每出于对文本的陌生或概念的混淆，而将库萨的哲学笼统地归入所谓"泛神论"的行列，仅凭库萨断言天主以某种方式存在于物中，便认为他将二者简单地等同了起来。殊不知，库萨对绝对者之论述的出发点恰恰在于——这实为新柏拉图主义者的传统艺能——尽可能圆满地证成其彻底的超越性（Transzendenz）。库萨指出，一切存在者的自身同一性，亦即一切存在者之"不异于其自身"的存在，都是"不异"于诸存在者之规定作用的明证；另外，鉴于存在者拥有或此或彼的属性,这种单纯的"不异于其自身"便在一切万有那里都无法直接成为存在者的自身规定,而唯有"不异"本身能够以"不异于不异"规定自己。凭藉对"不异"这种既规定万有、亦规定自身的奠基作用之强调,库萨便将"不异"确立为使得一切存在者成其所是的最高本原(本书第一章以下)。然而,我们看到,谈论"超越"(supra)并不意味着谈论"外在"(extra)甚至"绝缘";恰恰是在绝对者的超越性得以证成的同时,其内在性(Immanenz)相应地得到了保证(第六章):因为一切存在者之所以彼此外在、不可相入,正是因为它们彼此相异,但"不异"按照其概念而言,却不与任何东西相异(当然,更不相同,毋宁说"同"、"异"的范畴根本无法应用于对"不异"与万有的比较,它们"不一不异"),从而无法与万有进行任何概念上的区分。反过来讲,假使绝对者与万有间尚有某种"差异"存在,它就仍然不是那规定万有的"不异",而不过是混迹于其中的某个特殊存在物罢了;这就使之落回了有规定者的圈子之内,其于万有的超越性自然也就无从保证。超越性与内在性在此并非此消彼长的关系,毋宁说是相互奠基、相互证成的。由此看来,"不异"相对于万有的所谓"内在性",绝不能在泛神论的简单素朴的同一性之意义上加以理解,而仍须回到"不异"本身对差异性,或者说对存在者彼此间的相互否定之绝对否定来理解——库萨便在此处达致了属于他的"否定之否定"。换言之,超越性与内在性二者实为一体两面,可以在作为"极点"的天主身上向彼此转化。由此可见,"不异"的概念实际上仍然立足于绝对者与存在者作为"无规定的规定者"与"有规定的被规定者"的新柏拉图式基本区分，但却极为敏锐地抓住了前者既然穷极虚无，则"不能与物相异"的特征，因而从彻底的超越性中推导出了彻底的内在性："'不异'乃是诸形式之形式或单一形式之形式，乃是种类之种类与终末之终末，并以同样的方式适用于一切万有，而无需人们朝向无限者再进一步——因为他们已然抵达那规定着万有的无限者之处所了"（第十章）——我们无需再"寻觅"或"前往"绝对者所在的处所，因为我们已然经由这"不异"于我们自身的绝对者而"抵达"了它，真可谓触处皆真，俯拾即是；目击道存，不假外求。可以说，唯有当绝对者以某种方式"内在"于"我们"之中时，"我们"的反身自求才是可能的，才能以内在静观的方式与之重归合一；看来，库萨的处理在增强了新柏拉图派学人对绝对者概念的思辨广度与深度之同时，也在很大程度上规避了天主教教义由于倾向于强调天主之尊崇与受造物之卑贱的对立，从而导致的某种"割裂天人"之风险。换言之，其理论形式自身承诺了某种密契实践的可能性。

不过，与对于"不异"这一称谓本身的反复辨析相比，对密契主义认识或者说观照的讨论在本书中并不占据主要的位置。事实上，关于库萨是否将某种形式的密契合一作为其哲学运思的最终归趣，学界仍然处于众说纷纭的状态；库萨时而似乎延续了其《有学识的无知》一书中确立的进路，强调绝对者超出任何形式的思之理解，人们只能通过对概念性知识的排除而无限逼近它，将意识到其"不可把握"规定为把握

"不异"的唯一方式（如本书第九章）；时而仿佛又声称，理智（intellectus，旧译"悟性"等）作为一种超出知性（ratio）之分别见的更高之认识能力，能够辨识出对立面间的统一性或者相互渗透，从而通过某种方式于自身中反照到本原自身，进而使观照者自身的观照等同于天主的观照（如在《论天主的观照》中）。当我们考虑到库萨本人的夫子自道，比如"我还未曾品尝到，主是甘美的"时，① 这一问题仿佛就变得更加关键了，因为种种迹象显示，与埃克哈特大师等看重宗教实践的密契主义者不同，专注于经论的库萨一生中也许并未真正获致过与天主合一的密契经验。一种可能的解决自然是，将库萨对"否定概念性知识"与"确立密契直观"两种倾向的不同侧重，处理为其思想不同时期中观念转型所导致的差异，但问题在于，二者在同一部著作中有时似乎也并非截然相分。在《论"不异"》一书中，库萨也曾明确断言那作为差异者的存在与认识自身绝对不是"不异"；但当我们读到"那静观它的人，将会较诸人们所能言说的而更为明晰地照见它"（第五章）这样的语句时，表面上清晰的图景便重新显得不确定起来。无论如何，库萨在其形而上学系统中对待密契经验的具体定位，或许仍有待于学界进一步的发掘。

国际学界对库萨的神哲学思想素有关注。在库萨研究中，学者的关注点往往不限于库萨的辩证法思想对于后世费希特、

---

① Brief an Kaspar Aindorffer vom 22. September 1452, Vansteenberghe (Anm. 4), 113, 7.

黑格尔等德国观念论者之辩证法所施加的影响。关于库萨思想本身的否定神学-密契哲学价值，及其对伪狄奥尼修斯、爱留根纳、埃克哈特大师等密契哲学前辈思想资源的吸收与进一步拓展，作为德语学界近年来的讨论热点之一，已经产出为数颇丰的研究成果。仅就相关专著而言，较早先的成果例如库萨专家克劳斯·克雷默的文集《自然智慧先尝——与库萨的尼古拉一同寻觅天主》[1]，比较晚近的成果则包括罗施托克于2014年出版的《绝对者的自我关联——库萨的尼古拉"不异"观念研究》[2]，拜尔瓦尔特斯于2017年出版的《黄金之链——普罗丁、奥古斯丁、爱留根纳、托马斯、库萨的尼古拉》[3]等等，兹不赘述。德国特里尔大学神学系已建有库萨研究所（Institut für Cusanus-Forschung an der Universität und der Theologischen Fakultät Trier），其建立的门户网站"Cusanus-Portal"上已可文字检索整部批判版《全集》，并可与相关德译本及英译本进行对照阅读。与此相仿，日本学界则以京都学派的引入为中介，早于几十年前便开始关注库萨思想，出版了涵盖其大部分主要著作的日语译本（包括De non aliud一书在内，参较《非他なるもの》，松山康国訳，創文社〈ドイツ神秘主義叢

---

[1] Kremer, Klaus: Praegustatio naturalis sapientiae. Gott suchen mit Nikolaus von Kues, Münster: Aschendorff, 2004.

[2] Rohstock, Max: Der negative Selbstbezug des Absoluten: Untersuchungen zu Nicolaus Cusanus 'Konzept des Nicht-Anderen', Berlin-New York: De Gruyter, 2014.

[3] Beierwaltes, Werner: Catena Aurea: Plotin, Augustinus, Eriugena, Thomas, Cusanus, Frankfurt am Main: Vittorio Klostermann GmbH, 2017.

书7〉、1992年1月）与大量研究性著作，如由上田闲照主编、初版于1982年的《德意志神秘主义研究》（ドイツ神秘主義研究）中，不仅将库萨置于整个德国密契哲学传统中而进行了富于整体性的考量，还专门罗列出了一系列库萨研究的重要德语参考文献。相形之下，国内学界对于库萨著作的译介与研究尚处于起步阶段，现成的中译本唯有尹大贻、朱新民1988年由英译本转译的《论有学识的无知》与李秋零译出的《论隐秘的上帝》(Dialogus de deo abscondito) 等四部短论之合集；本书的迻译即是意在为改变这一局势略尽绵薄之力。

本书根据海德堡科学院委托于菲利克斯·麦纳（Felix Meiner）出版社的批判版《库萨全集》(Opera omnia) 译出。这一版本也是学界当前通用的版本，从1928年起开始出版，至2004年出齐；本书作为h XIII卷，由路德维希·鲍尔（Ludwig Baur）与保尔·威勒珀特（Paul Wilpert）编辑出版于1944年。翻译过程中参考了威勒珀特与威廉海姆·杜普雷（Wilhelm Dupré）的德译本①。威氏是柏拉图研究中所谓"未成文学说"的重要支持者之一，对新柏拉图主义传统研究精到。他由个人理解出发，对原文做了较多自由发挥，文字上的偏离

---

① Vom Nichtanderen, Übersetzt und mit Vorwort und Anmerkungen herausgegeben von Paul Wilpert, Dritte, durchgesehene Auflage, Hamburg; Felix Meiner Verlag, 1987; Nikolaus von Kues Philosophisch-theologische Schriften Herausgegeben und eingeführt von Leo Gabriel, übersetzt und kommentiert von Dietlind und Wilhelm Dupré. Sonderausgabe zum Jubiläum. Lateinisch-Deutsch. 2. Nachdruck der 1964, erschienenen 1. Auflage. 3 Bände. Wien: Verlag Herder, 1989.

较大，且所用的译名中有些已经过时，但译笔晓畅清美，可读性高；相比之下，杜氏译文略输文采，但更注重与原著的逐字对应，有时处理得更为精准。译者于迻译过程中兼采二家，即是出于各取所长的考虑，而于二家译文的错漏及其于义理上偶见出入之处，也一一进行了考辨，并以拉丁原文为最终标准；至于实际效果如何，仍要交由读者评说。

本书各章原无标题，但论述的主题实际上非常清晰；为方便读者把握章旨起见，译者斗胆效法德译者威勒珀特的做法，为各章拟定了标题。威氏以其卓越的思辨能力与扎实的文献功夫，为各章添加了体量相当巨大的德译注；译注中除了对库萨著作的版本情况、书中出现的人名等等加以考据之外，更重要的是将库萨散落于文中各处，乃至分布于各篇著作中的观点联系起来，进行了广泛的文本内证，并引用亚里士多德、伪狄奥尼修斯、波纳文图拉、大阿尔伯特、圣托马斯等大量作者的观点与原文，与本书中出现的诸多论断进行了文本互证，从而在一定程度上将库萨置入了与整个中世纪经院哲学传统的对话之中，同时给出了大量的二手文献，其价值不言而喻。然而，威氏译注中也存在着明显的缺点，如过多引用了与本书的核心义理无直接关涉的材料，或是材料过于冗长；于涉及到伪狄奥尼修斯等其他作者的引文时，并未按学界惯例标出该文本于当今最常用的作者全集中的位置，或是使用了过时的版本；如此等等。基于以上情况，译者最终决定去芜存菁，以编译形式对威氏德译注加以复述，将之录于每章后的尾注内，旨在呈现其中仍有价值的部分。另外，需要额外说明的是，鉴于库萨本人鲜明的公教立场,过去的中译者往往于译本中使用新教术语,便未免失之不切;故而本书中但凡涉及到天主教语境下的神名、人名等各种名物之处,均采用符合其术语习惯的译名,并且于出现《圣经》篇名及引文处一律采用思高本译法。译者学识浅陋,译文中难免存在错漏之处,还望方家指正。

最后,译者还须向洪汉鼎老师与商务印书馆的编审关群德先生致以最诚挚的谢意;离开他们的热忱襄助,本书的出版便是无法设想的。此外,在本书翻译过程中,特里尔大学汉学系荣休教授卜松山先生为译者提供了一些帮助;译者的两位友人,北京大学哲学系博士研究生王一鸣与北京师范大学哲学系硕士研究生寇倩,也帮忙阅读了导言与部分译文,并提供了有价值的修改建议,于此一并致谢。

高语含

二〇二〇年五月

于六经无字斋

德译本导言

每一位信仰者都于其内心承载着一幅天主的形象。对于教会的归属与对其教义的认同仅仅为这幅形象提供了框架。教会的诸定义划定了信仰之所有物的界限，并将谬误的阐释拒之门外。由此，天主在三重位格中的统一性、祂的永恒性与不变性、祂生化万有的大能（Allursächlichkeit）、祂的精神性与超越性，亦即祂之于作为其造物世界的差异性便被阐明为可靠的信仰财富。教义由些个别条目中发展出了某种天主的概念，我们将之领受为基督教会的典型标识。无疑，共同的宗教信念也就由此得以给出，它将教会的全部信仰者联结为一。

然而，教会乃是教义的中介者、宣示者与看护者。教师及其教义的接受则是某种不同的东西，而宗教生活仅当在诸信仰者的灵魂中得以接受与把握时，才成为符合教义的生活。就这样，教会教义的全部表达尚不能摹绘出天主的概念——个别的信仰者于心中或多或少地承载着它，他的宗教生活从中得以呼吸。教会教义构成了某种框架，根据由教会所守护的天启之见证，真理无法于这一框架之外存在，然而它们仅仅只是框架，尚不是形象；它们是抵挡谬误的防波堤，但尚不是这座堤坝所必要守护的生活。局外人将这些定义之墙视作限制，正如在公民生活中误入歧途的人将法律规定当成对他自由的约束。对于好的公民而言，它们是几乎为他常常忘却的围篱，但却使得他在自由中的生命成为了可能，并守护它免遭无休无止的争斗之侵害，这种争斗围绕一种有序的当下存在（Dasein）之基础性条件而展开。因而在信仰者的感受中，这围篱与其说是桎梏，毋宁说是准则；唯有在这些准则之内，处于自由与安全中的真实生活才能得以展开。信仰者不谈论教义的逼仄，而是谈论它的广度，谈论自由发展的广阔天地——它并未将抵御谬误一事置之不理，而正是通过对谬误的抵御才被交到信仰者手中。

法律规定了秩序之路，使之向右或是向左；而倘若公民仅仅将目光局限于这些规章条文上，却不求取这些条文所指向的那个积极目标，那他便不会于自由中行走在这条路上。倘若个体仅仅是死记硬背地掌握了教会教义的各种说法，信仰就不会赢获生命；这些说法须得在他那里圆满地形成一幅生动的天主之形象。在此，于同一个基督教会之内，为诸般精微与奥妙保留有一片广阔的领域——这些微细之处植根于个人体验中，植根于生活之命运与人格特质之中。这是符合基督信仰精神的：于放光的清透与纯净中体验天主的圣性，并与此相对地强烈觉知到自己的卑微与堕落，从而于恐惧与战栗中实现他的解脱。然而，这同样是符合基督信仰精神的：将这位无比圣洁的天主作为仁慈的父来崇敬，人们知晓自己于祂的手掌中得以荫庇，并由祂的照料中将幸运与不幸感受为恩宠的机缘。这是为基督信仰所认可的：于天主内观照到那无限超拔于一切受造之存在的、一切存在的本根（Urgrund）与创造者；而这也是同样为基督信仰所认可的：簌簌发抖地经验到天主的无所不在与无所不能。基督信仰的广度将隐士与劝人悔过的牧师一视同仁地拥抱在教会的怀抱中，亦如它之于密契主义者那样。

与教义学的表述相反，信仰者私人的天主形象无法为概念所描述。语言表达不足以把握生命的充盈，它总是依赖于抽象的，而活生生的涌流恰好从它手中滑脱。一位思想者无疑会觉知到这样一种需求：将他自己所体验到的东西同样也传达给旁人，因为他体验到的这幅天主之形象并非仅只归于他个人所有，而是客观的，且具有不依赖于他的现实性。它乃是天主的现实性向这位思想者开显的形式。

诚然，与将这幅形象——它为个体之人自己所看见，并填充了他的整个生命——传达给旁人的尝试形影相随的，还有另外一重困难。倘若说第一重困难存在于人与人之间的理解之缺乏中，它刚好拦在那于内心深处驱动我们的东西之前，令我们的口舌陷入沉默，令每一种表达都显得空洞无物、不足为凭；那么对于传达而言，天主之体验中便隐藏着某种类型特殊的障碍。在周围人的经验世界中，对于外在世界中形形色色的对象，甚至是对于自己的内心世界而言，都存在着类比性与等同性，而理解便可衔接于它们之上。与之相反，无论是教义学的共同教理抑或是密契主义中，都存在这样的特点：天主与一切为我们所知的东西乃是如此不同，以至于没有人类概念能够充分地描摹祂的本质。由此一见解出发，于希腊哲学——尤其是新柏拉图主义哲学中,这样的思想便已然发展起来了:相较于对祂做出肯定的判断而言,更好的办法是从天主身上否定掉一切我们往常可以应用于某一对象之上的谓词。而密契主义则谈论那天主于其中向着观看开显的雾气,[①]并将体验的直接性强调为密契主义天主体验之真实性的规范。

库萨的尼古拉是一位虔诚的基督徒,同时也是哲学思想者与密契主义者。关于此人的内在生活,我们所知不多;他于公开生活的聚光灯下不知疲倦地从事着公众活动,并体验到属于这样一种思想者的悲剧:他"想要同时直接地施影响于下面的世界,在其中起决定性作用的并非更好的理念,而是更强的暴力"。传记作家们跟踪调查了这样一段非同寻常的生命之诸般细节,他们描绘了这位教会的政治家与外交家,或者说是这位大哲,这位超前于其时代的天才思想者。无论他们于其思想与行动之动机方面给予我们何等深刻的启发,作为人的库萨也仍然期待着抱有同理心的历史编纂者。他所面临的绝非某个不可解决的任务,因为作为人的库萨与作为基督徒的库萨并未彻底将自己隐藏于他的撰述中。不仅限于那些布道文与书信,就连他的哲学论著也并非某种冷冰冰的思辨知性之成果——这种知性条理分明,逻辑严密地使他的思想链条接合在一起;毋宁说,这颗炽热的心灵无所不在地显示出自身,它为思想提出重重任务,并要求自己对其自身的面目加以说明。

于这位枢机主教的灵魂中,知识与信仰之间并无对立:一

---

① 中译者按:见本书第十七章德译注[3]。

面是他勤勉于研究的知性与诸般知识，另一面则是教会的教义与启示的真理性内容。他感到，自己作为思想者乃是全然自由的，并且无法设想，自己的思想会将自己引向与信仰相龃龉的田地中。在那句来自安瑟伦的古老言语之意义上，他于思想当中寻求充实与照明，寻求对他以信仰方式所占有之事物的说明。

一切问题之问题乃是那对天主的追问：依赖于这一问题之解答的不仅仅是对世界的解释，也包括人类生命的意义赋予在内。相较于那对祂之本质的追问而言，追问某种至高本质、某种万物本原之存在的问题并不那么重要。"天主存在"这一点，对于哲学家库萨而言并非什么苛察缴绕的疑难。在他那里，人们同样发掘出了天主存在的证明，并就此指出，其著作中的各种思想进程都在致力于为天主的存在提供证据。然而，当人们将这些结论的系列于某种托马斯主义中认识天主之"五路"的意义上加以把握时，他们便一而再、再而三地被迫使着做出与库萨的思想大相径庭的解释。托马斯的处理方式与现代思想的态度更为接近，它不考虑信仰者于自身之内作为信念与确定性而拥有的东西，并试图于方法论的怀疑中，由经验事实出发而追溯到万物的某种终极根据。一旦人们着手将安瑟伦著名的存在论论证作为天主存在的证明而于托马斯主义的意义上加以理解，便会陷入同样的窘境之中。显而易见的是，于某种可思想的完满本质之概念中包括了这一点：这一本质必定是由其自身而存在的；然而，问题恰恰在于，究竟是否存在某种可思想的完满本质。康德不无道理地批判道，这一论证中存在某种由逻辑秩序向存在论秩序的跳跃；然而与此同时，他却将先前令托马斯遭受的那同一种历史的不公，再次加到了安瑟伦身上。正如坎特伯雷大主教于前言中所写下的那样，这一论证不应当使天主的存在对于怀疑者而言变得确定无疑，而是应当以色彩与生命而使信仰者的天主概念更加丰满。这论证向他指出，那种他将其作为天主而加以敬拜的本质，是以内在的本质必然性而由其自身具有存在的。库萨的诸般"天主存在证明"，也当于这种增强并促进着信仰的知识之意义上得以理解，包括他那广受讨论的存在论证明之变体——根据这一证明，天主乃是绝对的至大；此一至大与绝对的至小同时发生，并因此而具有必然性的存在。

这种思想进程以及与之相类的诸多思想进程，在很大程度上并不是意在证实天主之存在的论证，毋宁说它们意在以更清晰的方式对天主的概念自身进行转写。库萨于其中表达出了那作为天主的形象而活在他灵魂中的东西；于他而言，天主之作为世界的唯一原因乃是这幅形象中的某个本质特性。此种特征属于所有的基督教天主想象。在第一个世纪的某些早期基督教作者那里，或许"天主于无中创世"这一说法尚只是某种必定由斯多亚主义者或新柏拉图主义者那里掺入的杂质，他们将质料称作无，由此兴许是按照某种类型的二元论而对从无中创世这一点进行理解；在这种二元论那里，天主作为诸世界的安排者而对无形无状的质料加以塑造，作为管辖着万有的逻各斯而使之于尺规与法则之中成形。然而，自与诺斯替主义体系的论争以降，基督教"由无中造出有"的概念便于某种创造——它也包括对质料本身的创造——的意义上得到了鲜明而不含有歧义的确立。然而，作为基督徒而知晓天主的全能，并于其整个影响范围内意识到此一事实，这却是另一件事情了。倘若基督徒能够凭藉其对于天主的创造性全能之意识而抵达某种世界图景中，这一图景将创造行为设定为某种发生于世界产生之开端处的历史事件——正如《圣经》对创世的记载所导向的形象化表达那样——从而令世界按照内在的、由造物者置入其中的法则性而运行，那么他便得更加深刻地沉潜于天主的全能性之中，将造物者作为负载着一切受造之存在的根据而加以揭示：离开祂持续性的保存之意愿，整个受造的宇宙便会立刻分崩离析、堕入无中。"倘若你将自己的目光朝向天主，观察祂是如何于受造的万物中存在的，那么就会出现这种外观：仿佛天主是存在于这些事物之中那样。然而，这乃是某种幻象。若是将天主从受造的万有中抽去，那么便没有什么能够继续存在了。"当温克（Wenck）已然以某种一元论的泛神论而对库萨进行指责，而后来的解释者则于此处跟随了他时，这些段落恰好给予了他们某种正确的假象——库萨于其中试图把握住天主的全能。然而，并不是只有字句本身才作得数，字句于其中得以言说的那个精神也至关重要，而在此则不容对库萨那里所涉及到的论题存有任何怀疑：库萨本人的立场与某种泛神论迥然相异。于方才引证过的段落后，库萨直接比较了天主之于世界与实体之于偶性的关系。然而对他而言，这一比较的意义并不在于诸偶性对于实体的依赖性，更关键的是要强调："实体不能脱离于偶性而存在，而天主却能够脱离于受造的万物。"在所有这些形象中，所关涉到的都并非天主的内在性，而毋宁说是对一切受造之存在的依赖性与虚妄性（Nichtigkeit）之强调。

库萨了解那种在他的时代作为传统而存在的唯名论亚里士多德主义哲学；关于库萨在何种程度上受教于它，相关的证据足以填满好几页纸。他在共相问题上追随了逍遥学派的哲人们，对亚里士多德的范畴划分，尤其是对实体与偶性的划分予以赞赏，并接过了此项学说：对于某种"更多"或"更少"的实体性本质实现（Wesenserfüllung）之追问并不适用于实体，而人们无法于因果链中迈进到无限那里去。他感到自己为亚里士多德的如下论断激起了内在的兴趣：有限与无限之间不存在任何比较的可能性。他的整个形而上学都建基于质料-形式学说之上。亚里士多德主义认识论与亚里士多德主义心理学的影响于此体现得明白无误。毋庸置疑的是，库萨在他的学生时代与亚里士多德主义相识，并且终其一生地保留了某些特定的信念。然而，他的心灵却于更大程度上感到了来自柏拉图主义哲学体系的触动，这一体系令得他不断地钻研深入了下去。他发现，自己负载于精神之中的那个天主形象在此得到了更好的保藏。这种哲思并非是由某种经验的现实性出发去求取向天主的上升，而是反其道而行之，追求藉由绝对者而对相对者加以把握；它更好地契合于对世界之全能创造者的想象。由此，那个为他于伪狄奥尼修斯那里所寻到的判断，"天主是万物之中的万有"，成为了他天主学说的根基；与这位赫赫有名的新柏拉图主义之于基督教中世纪的中介者一道，他为这一判断补上了后半句，这杜绝了对这一说法的某种泛神论阐释："然而天主并非为我们所知的万物中之任何一个"。

对于虔信者库萨而言，尚有第二个特征于他的天主之形象中占据了重要的位置，这一形象与天主的全能性紧密相关：天主对一切世俗的概念性把握之超越。这对于所有基督教哲学而言，同样是某种普遍的信念。然而，人们却能够以不同的方式对其进行思考。亚里士多德主义的经院哲学已然由亚里士多德主义关于存在概念的类比性直言判断之学说出发，教导我们说，一切概念都只能类比地对天主有所陈述，并尝试确定此种类比的认识价值。于它而言，类比乃是手段；尽管无限的造物者与有限的受造物间看似存在着无法弥合的鸿沟，它仍试图藉由这一手段而得出某种肯定的神学，而类比使其对肯定命题的使用成为了可能——当然，这些命题仅仅于概念的类比意义上才能生效。否定神学基本上也可以从同样的信念之中导出，亦即天主是超越于一切受造的存在之上的。倘若肯定神学说道：当我们将天主称作原因，称作善的与真的时，与我们将之运用于世俗事物上时的意义相比，所有这些概念并不具备相同的意义，而是只有在类比的意义上才有效。否定神学则由此更进一步：天主并不在我们通常谈论原因的那种意义上是原因，我们必须在做出这一陈述时，放弃掉一切我们在经验的原因那里认作属于原因之概念的东西；也就是说，就在我们将原因的概念应用于天主身上时，我们始终处于这样一种危险当中：将与天主之原因性不相称的某种东西归给祂。由此而论，这种做法便是更合宜的了：不经由对经验概念的类比性运用来规定天主，而是由此而将祂描述为某种全然相异的东西：将一切为我们所有人所知的受造之存在从祂身上否定掉——我们便是根据此种存在来塑造我们的概念的。相较于"于此一概念的某种类比性意义上,天主是原因"这一命题,另一个更为精确:"于这个语词的经验性意义上,天主并非原因。"

库萨对这两种理论都有所了解,并试图将正当性赋予它们。类比与否定二者都具有这一使命:将一切受造的存在从我们的认识之语言中甩脱出去。唯有凭藉对那保持着存在的原初根据(Urgrund)之分有,受造的存在才具有其存在。因此,倘若我们将分有甩掉,那么也就仅剩下这一万物最终的本质性根据了。然而,因为分有仅仅是分有而非整全,正如形象仅仅是形象而非原本那样,与自身乃是现实的整全或原本相比,便存在着一种非现实的东西、一种否定。职是之故,对受造之属性的否定以及将其从一切关于天主之命题中排除,事实上乃是一种否定之否定,一种对非存在者的拒斥。由此,库萨赢获了他的"换位"(transsumptio)之方法,亦即一种不再能够为知性所把握,而仅仅向精神的观照开显自身的对一切概念性内容之超越,以此来迫近绝对者。他首先于数学例证中阐明了这种方法。当我们将"尺寸"(Größe)运用于为我们所熟知的大的(groß)事物之领域中时,Größe便是一个量的概念。然而,倘若我们比较一下这个语词在一切对增长的表达中之使用,便可发现,在那些不存在量的地方,我们同样会谈及"尺寸"。我们谈论"渊博"(groß)的学识与"卓越"(groß)的见识,因而拥有某种与形体的量毫无共性的尺寸概念。然而,当我们谈及至大的单纯性或是至大的绝对不可分性时,我们必须如此对"尺寸"概念的内容加以改变,使得一切可感的尺寸从现在起仅仅作为真实的尺寸之映像与镜子而出现。这样一种超越不再是于知性层面上可表达的了，但它却是一种由精神层面上向着绝对者的逼近，因而是一种非把握的把握；它是一种认识，但这却不能在通常的意义上得到理解。这种超越的方法乃是《论有学识的无知》中"有知之无知"的方法。库萨的方法及其认识论与这位思想者所照见的天主之形象若合符契。

尚有第三个为信仰者库萨负载于心灵中的天主形象之特征，对他的思想而言具有基础性意义。每一位基督徒都知晓，天主是三位一体的；这属于其信仰的根本教义。然而，当托马斯发展出他的天主存在证明时，他便来到了某种精神性的、永恒的、由其自身而实存的一切受造之存在的创造者那里。三位一体乃是信仰的财富，它与哲学性的天主概念并无干系。对于哲学家而言，天主是存在者、无限者与"一"；三位一体的教义问题处于哲学思辨之彼岸。然而，它同样处于密契沉潜（mystische Versenkung）之彼岸——它所体验的要么是天主于灵魂中的临在，要么是人的神化（Vergöttlichung）与人向天主的下沉，要么是圣言中介性、圣子的下降与其中的道路，它将追寻着天主的灵魂朝着那位父引去。"库萨乃是这样一位中世纪的哲学思想者，他的学说作为整体而根本性地奠基于整个三位一体的概念中，尤其是圣神的概念中"，霍夫曼正确地评述道。对于库萨的尼古拉而言，天主的本质即是三位一体，而未将这一神性的本质特征纳入考量的天主概念则无法成为适宜的天主概念。不言自明的是，一切推导三位一体或命名天主的尝试因而都必然会引起他的兴趣；于其著作之中，我们处处可以发现这种兴趣的痕迹。然而，正如人们无法谈论某种对天主之存在的证明那样，人们也无法于库萨的著述中谈论对三位一体的证明；毋宁说他是要创造这样一种天主概念，它能够以类比的方式重现天主向三重位格的自我展开。一种概念愈是能在完成其他要求的同时满足这一任务，我们便愈能将其视作与天主相称的概念。

现在，人们可以将库萨的整个哲思视为某种不懈的争取，它意在描述某种愈加完好的天主概念，而他有时也从这一视角出发来看待自己。他试图通过语词赋予他以灵魂之眼所观照到的天主形象愈发完好、愈发完善的表达。就这样，在《论有学识的无知》中，他便已然接过了奥古斯丁对永恒统一、相等与联结的三一论表达式，并尝试藉助永恒性的概念来赢得其必然的统一性。途经一系列更广泛的尝试，他最终抵达了"不异"这一概念。对库萨而言，三位一体之天主概念的任务——统一性中的三重性，亦即与数量的复多无涉的某种三重性，似乎于此概念中得到了最妥善的解决。"'不异'不异于'不异'。"这一万有的原初根据必然无法经由别的什么东西而得以规定，由此必须成为其自身的规定。它于"不异"这一名号中将自己揭示为三重性的——其规定乃是对此名号的三重复现：它不仅展现出，这一本质规定了自身并且不需要什么别的东西去进行规定，同时也开显了这一本质于不可分解之统一性中的三重性。

从外表看起来，《论"不异"》这篇撰述大概是库萨全部著作中最为抽象的。然而，如果人们仅仅将之视作概念性的研究，由此必然尝试将其中的许多东西贬抑为概念游戏时，这对于他来说乃是不公平的。当开篇处追问了某种自身规定的规定，并仿佛将整个研究引入了某种纯然逻辑抽象的层面时，人们唯有将目光对准他的真实诉求，才能为这一对规定的追问赢得某种意义。就像天主给予一切存在者它们的"如此存在"与"当下存在"，就像天主乃是一切本质之本质那样，天主的概念规定须得将自身证明为一切"如此存在"的某种规定根据；而就像天主封闭于其自身之内，并经由自身而确知其本质那样，天主的概念也不可为任何其它的概念所阐释与说明。库萨于"不异"的概念中觅见了这种效能，因为它不能经由任何其它概念而得以说明，而是自我说明的，并且是以对同一语词进行三重复现的形式，与此同时便复述出了天主的三重性。当这位枢机主教相信自己凭藉这一天主概念的阐发而达成了其努力的目标——为不可言说的天主之本质寻到某种至为相称的表达——时，这不会使任何人感到惊异。柏拉图就已然将一切存在者除"一"之外的终极本原称作了"不定的二"，新柏拉图主义随后由此而择取了这个已经在柏拉图那里出现的差异者之表达。统一性与差异性作为存在者的两个本原，出现于整个新柏拉图主义传统中，然而差异性从现在起被描绘为某种更晚起的、从统一性中展开自身的东西；由此，某种一元论替代了原始的柏拉图主义二元论之位置。不过，正是这种变化使得新柏拉图主义成为了基督教创世学说的合宜表达。这些思想间的关联导致了某种看法，其将差异者视作某种"非一"，视作某种与"一"的绝对肯定性相反对的否定之物。库萨生活于这种见解之内。它全然与其对天主与世界之关系的观照相符合。与造物者那安止于自身之内的存在相反，受造的世界乃是某种差异者，某种被负载的、被导出的存在，它于真实的意义上并非存在者。反之，"不异"则是否定之否定，是那绝对的设定。

可以理解的是，对这位思想者来说，这一天主概念的发现定然是意味深长的。更值得注意的是这部库萨于其中首次发展出这一概念的著作之命运。它不仅未能保存于其诸多作品的某个古老版本中，甚至在他亲自为其写作了导言的、结集于他晚年的著作集中都未曾出现。我们可以见到，此种汇编保存在库伊斯修道院图书馆的两份手抄本中，它们现如今仍被保管在其故乡为他本人所兴建的库萨救济院中。对于这一如此重要的、并且显然于其晚年作品中完全得以承认的著作，我们唯有如此对它所遭受的特别忽略加以解释：于这位枢机主教看来，它尚未成熟到足以与其他著作等量齐观的程度；也唯有如此才能说明全部抄本的缺失。人们可以在书中对话那有些跳跃式的进行中为这一猜想找到证据——枢机主教的与谈者们从一章到另一章中，渴望着在不同的细节上对基本主题进行展开，从而使得这种做法成为了可能：将这一崭新概念对于整个宇宙论与形而上学神学的丰产性加以阐明。这几乎造成了这样一种印象，仿佛库萨是草拟了各章的主题与著作的结构，但却未曾将整部著作加以最后的梳理——这种梳理也许本当使得结构更具有张力才对。然而毋庸置疑的是，思想的进程已然确立，因而这些表述——倘若库萨对它们有意而为之的话——便几乎无法从根基上被颠覆了。因为库萨本人于一部更晚的著作中提到了这部作品，并提请读者参阅它，库萨著作的出版者约翰内斯·法布尔·施塔普伦西斯才去四处搜索这部佚失的著作。我们了解那些范围广泛的书信往来，他于其中请求一切有关的圈子对这项查考提供帮助。而在他的时代，一位著名的人文主义者藏有这部著作。纽伦堡人哈特曼·舍德尔于1496年便已为自己制出了一份抄本。我们并不知晓他是于何处觅见这部著作的，也不知道他是否拥有库萨的原稿，还是说仅仅为自己搞到了一份抄本。无论如何，他于纽伦堡拥有了这份誊写于当年4月6日的抄本，可能的情况是，舍德尔是经由修道院长施蓬海姆的特里忒米乌斯的中介而得览这部著作的，他于其1494年出版于美因茨的《教会作家史》（De scriptoribus ecclesiasticis）中，在开篇处提到了库萨的这部作品，因此这部作品可能就在他自己手头。抄写员发现，在舍德尔提供的模本中，一页纸出现在了错误的位置。哈特曼·舍德尔的这份抄本为约翰内斯·尤宾格在1888年发现于慕尼黑，它是我们如今唯一的文本来源。

甚至对于著作的标题也是众说纷纭。在《论智慧之追寻》（De venatione sapientiae）一书中，这位枢机主教说道："关于'不异'的问题，我已然于一场四人对话中详尽地处理过，这部对话于去年写于罗马。"舍德尔于其抄本的开头处也提到了这段话。对他而言，与数年后的法布尔·施塔普伦西斯相似，这似乎成为了搜寻这部著作的初始动机。不过，舍德尔那份抄本自带的标题是《窥道路向》（Directio speculantis），而特里忒米乌斯也是如此引证它的。先前并不知晓这部著作的法布尔·施塔普伦西斯曾分开寻找《窥道路向》与《论"不异"》两部著作，而时至今日，关于其二者之同一性的争论仍未尽数消歇。然而，几乎不存在什么合理的根据，令我们不去相信曾于15世纪末拥有过整部著作的两位证人，修道院长特里忒米乌斯与人文主义者舍德尔。因此，《窥道路向》之为标题乃是可以确定的，而作者于著作的最末几章中也数次暗示了这一点。当库萨自己指引读者参阅某篇关于"不异"的论文时，他所给出的并非后来采用的标题，而是这篇著作的主题。

对于这部作品的产生时间，我们所知的则多一些，甚至可以将其精确地追溯到某几天。在库萨于《论智慧之追寻》中所做的对本书的指引中，他提到，这部四人谈作于前一年。因为有证据表明，《论智慧之追寻》作于1463年的复活节前，也就是1463年4月10日前，我们便来到了1462年。著作本身提及了永恒之城中的冰，我们由此可以追溯到冬天，也就是当年年初。同样，晚上九点时天空便已经漆黑一片，这也与隆冬时节相符合。支持这一说法的还包括，我们有把握证明，枢机主教曾于1461年10月至1462年5月期间逗留于罗马。然而，我们还能更加精确地对创作时间加以确定。与谈者之一，来自比萨的佩特鲁斯·巴勒卜斯，于1462年1月18日被教皇皮乌斯二世提拔为主教，而四人谈中却于这项要职只字未提。由此，我们便来到了1462年1月最初的那几天。这部作品属于枢机主教的晚年著述。在其作为布雷萨诺内主教的工作以失败告终后，他于1458年起担任罗马的教廷枢机主教，在相对而言的平静中于那里度过了五年的生涯，那有利于他毕生的科学与思想性事业之圆熟。在1460年由造物者的无限性与受造物之有限性的张力中，尝试从"现实的潜能"（possest）这一概念发展出某种天主概念后，与《古兰经》之阿拉伯神学的论争告一段落（Cribratio Alchoran 1461）。《论"不异"》一著可以视为这位不知疲倦的写作者的勤勉之笔下于1462年的唯一产物，而于随后几年中又有四部著作接踵问世：《论智慧之追寻》、《滚球戏对谈》、《提要钩玄》与《论观照之巅》。

　　我们面前的这部著作乃是一场四人间的对话，而至少颇为有趣的一点在于，这场大略是以库萨所写下的形式进行的对话，事实上可能真的于相关时段内发生过。三位与谈者在1461/62年冬，于这位枢机主教的陪伴下居于罗马。首先是修道院院长约翰内斯·安德列亚斯，他那时已经作为与谈者而在关于"现实的潜能"之三人谈中露过面了。他自1458年起成为了长伴枢机主教左右的秘书，并于后者的鼓励下，于意大利的土地上兴建了第一所印刷厂——在苏比亚科修道院中。作为真正的人文主义者，他还曾致力于出版一整个系列的古代作者之著作。同样地，第二位与谈者——来自比萨的佩特鲁斯·巴勒卜斯也是人文主义者。他在对谈期间致力于将普罗克洛斯的《柏拉图神学》译成拉丁语，并于对谈中提起了这件事。M. 费格勒推测，他很有可能也是论文"论相等"与"论本原"的受领者。最后剩下的是葡萄牙人费迪南德·马提姆，他曾作为侍医而伴随枢机主教左右，并且以此身份成为了托迪遗嘱的证人。他于彼处所签署的名讳是，罗里兹的费迪南德

（Ferdinand von Roritz），里斯本的法政牧师。

　　因为三位与谈者先后进入与枢机主教的对谈中，著作便于事实上分成了三篇对话，而另两位伙伴则各自被设想为聚精会神的聆听者。各人的特点是十分突出的。修道院院长约翰内斯·安德列亚斯可能是其中除枢机主教外的最年长者，他开启了对谈，并于一定程度上对诸位参与者进行了介绍。他们无不是具备哲学兴趣之人；然而，即便所有人在对于真理的热烈追求方面都同样出众，他们的观点却各不相同。这由对他们所钟爱之作者的罗列中便可看出。修道院院长自己致力于柏拉图的《巴门尼德篇》与普罗克洛斯的注释，而佩特鲁斯·巴勒卜斯则献身于普罗克洛斯的《柏拉图神学》。由此看来，约翰内斯·安德列亚斯于晚些时候便是作为柏拉图的拥戴者而出现的，而巴勒卜斯则作为新柏拉图主义者登场。然而，从修道院院长的言语中，人们可能无法得出这样的猜测：除却普罗克洛斯的注释之外，他还阅读过柏拉图的某篇作为独立的原始资料的对话。与整个中世纪的做法一样，他对柏拉图的阅读戴着普罗克洛斯的有色眼镜；如此一来，柏拉图与普罗克洛斯也就于对话本身中交织在了一起。库萨在此则是作为亚略巴古的伪狄奥尼修斯著作的研读者而得以引见的。① 我们知道，库萨深入地钻研了这位于中世纪赫赫有名的作者。他于彼处找见了某种与自己的天主想象非常相近的态度，我们由此便能确定他对于伪狄奥尼修斯的反复研习。根据《有学识的无知之辩护》

---

① 中译者按：以上见本书第一章。

（Apologia doctae ignorantiae）中的一段证词，库萨是于从君士坦丁堡返归后才了解到这位亚略巴古人之著作的，不过《论有学识的无知》一书已然广泛征引了伪狄奥尼修斯的全部作品；除此之外还有大量的边注，它们主要出现于库萨所拥有的大阿尔伯特对伪狄奥尼修斯著作的评注中，这同样为某种反复而透彻的研习提供了佐证。对这位亚略巴古人之著作的征引几乎存在于库萨的全部撰述中，但其频率却有所波动。普遍而论，人们可以确定的是，存在某种伴随着时间推移而呈现出的频率增长，而真正的顶峰则出现于库萨的晚年著作中——而其中又以我们手中的这部，及《论智慧之追寻》为最。因而，当作者断言自己对伪狄奥尼修斯著作所具有的强烈兴趣时，这可能是与事实相符的。

库萨如此强烈地感受到自己的思想与这位亚略巴古人之学说之间的亲缘性，以至于他偏好将其自己最重要的那些教义观点归于这一来源，甚至《论有学识的无知》一书也不例外——它可能是在奥古斯丁的启发下写成的；他甚至相信，就连"对立面的重合"（coincidentia oppositorum）之论也已经在伪狄奥尼修斯那里预先成形了。于我们手头的这篇四人谈中，他同样重申了这一断言。就连他那崭新的天主概念——他将之视作对立面之重合的最佳表述——也被他感受为已然由这位前人所奠立的。①显然，对此的证据于他而言非常重要，他从这位亚略巴古人的著作撷萃英华，填满了长长的一章。

---

① 中译者按：见本书第四章。

然而，通过在费迪南德身上引入亚里士多德主义代言人的身份，对话受到了某种特别的刺激。作为医生的费迪南德属于人文主义中的保守派系，他乃是当时于学院中盛行的亚里士多德主义唯名论之代表人物。库萨在此比在其余任何一部著作中都更为清晰地展现出他对这一学派的了解，但也同样清晰地表明，他并未有意去从亚里士多德主义那里获取任何东西。他自然不清楚，自己受到了亚里士多德主义的多少影响，又将其中的多少东西塞进了新柏拉图主义中。"对这位当然是值得敬重的哲人，你表现出了某种偏好"，[1]他不无挖苦地回应费迪南德。唯一为他所承认的是，亚里士多德具有良好的知性品质，可他紧接着便提出了限定："然而，这兴许对每一位勤于思辨的哲人而言皆是适用的"。[2]他拒绝承认亚里士多德在哲学的发展中具有任何重要性。当费迪南德问道，库萨认为亚里士多德真正的成就在于何处时，他干巴巴地答道："坦言之，我对此并无了解"。[3]唯有逻辑学的形成被认为是对亚里士多德有利的方面。他在伦理学领域中也有所建树，但却于形而上学中马失前蹄。[4]在库萨看来，亚里士多德的谬误之处在于，他于知性认识的领域中止步不前，因此塞住了自己通向真理的道路。在知性的王国中，矛盾律乃是有效的。然而，相互矛盾的断言展现出了这样的矛盾：一种先于矛盾的矛盾与一种离开矛盾的矛

---

[1] 中译者按：见本书第十九章。
[2] 中译者按：见本书第十九章。
[3] 中译者按：见本书第十八章。
[4] 中译者按：见本书第十九章。

盾。而亚里士多德却未能抵达那对本原之本原与实体之实体加以承认的境地。这种批判当然没有透露出对于亚里士多德思想方式的真正理解。库萨位于柏拉图主义思想的路线中，并于亚里士多德那里看出了他所包含的一切柏拉图成分；而在他偏离于柏拉图并选取了更为经验主义的进路之处，枢机主教则将之视作迷途。对于中立地将各种不同的思想方法加以权衡而言，库萨思想的原创性还是太强了。他将自己视作柏拉图行走在正路上的合法继承人，而至少当他在柏拉图那里找到了某种对超升于知性之上的认识之暗示时——新柏拉图主义把握并扩充了它——，要继续走下去的道路似乎便在此处出现于他眼前了。由此，亚里士多德就必须作为错误的进展，甚至是作为某种柏拉图主义的、某种真正哲思的堕落而出现，尽管他也接受了柏拉图的遗产。

着手研究一下柏拉图主义的思想方法乃是值得的。于其晚期哲学中，柏拉图展现出某种追寻存在者之本原的尝试，另外还使一种方法得以揭示；尽管这一方法于更早时代中已被使用过，但现在却以更为清晰、更有意识的面目登场了。当德谟克里特的原子论冀望于通过量的分解而觅见实在的构成元素，并由此来到了最小的、不可分的诸形体那里时，为柏拉图所驱动的那种对实在的拆分则走上了另一条道路。他寻觅思想的元素，而这些于他而言同时也就是实在的元素。这些思想元素首先显现为理型，没有经验对象能够不分有"相等"的理型而与另一个对象相等，自在的相等乃是一切事实之相等的前提。然而由此得出，诸理型并非就其自身而言即可理解的东西，并非自我规定的规定性,如库萨所要说的那样。它们将自身展现为有结构的与复合的,而晚期对话便于其二分法系列中尝试了对这种理型结构进行分析。作为其最终元素而出现的,包括"被规定者"或"一"、"不被规定者"或"差异者"[①]与"非一"。所有这些思想进程中都展现出永远相同的思想方法。那于思想中作为元素、作为某个概念之组成部分的东西,也同样是在存在论上更早先的与更为基础的。这是一种理性主义的实在论,它于此出现在这部作品中。

将同一种思想态度阐明为新柏拉图主义形而上学的根基乃是颇有吸引力的。然而,仅仅指出某种理性主义实在论之于库萨思想的影响也就足够了。在《论有学识的无知》那个著名的天主论证中,库萨首先展示出,绝对的真理对我们而言是不可及的,因为于有限者中不存在全然的相等。然而现在,思想由全然的相等立刻过渡到了普遍意义上的至大。至大的相等在一定程度上乃是普遍之至大的某个特例。倘若不存在至大,那么便不存在至大的相等。逻辑前提同时也是存在论的条件,而我们以最高级进行表达的纯粹之至大,不仅包括了至大,同样包括了至小。此一思想态度于其后几章中显现得更为清晰,库萨于彼处断言,倘若没有某种单纯的至大,那么便无物能够存在。一切非绝对之物都是受限定的,因此乃是本原所生之物(principiatum)。每一种测量都预设了某种量度,倘若没有尺寸的概念,我们就无法谈及更大或是更小。既

[①] 中译者按:汉语学界亦译作"其他"等。

然我们的思想并非空洞的思想，而必须拥有某种与存在的符合（Seinsentsprechung）；亦即，既然这里所发现的不仅是一种对主体有效的东西，而是一种存在的必然性，那么尺寸就必须作为每种被限定之尺寸的前提而首先存在。

这种理性主义实在论的足迹于我们的这篇四人谈中俯拾即是。若原因消失不见，那么效能也就随之消灭了——库萨这般引用了一句于传统中人尽皆知的判断。① 然而原因对他而言不仅仅意味着动力因，而是同时意味着形式因——那思想上与存在论上的先在者。而现在，这一思想的方法仿佛是变得直接可见了。一旦寒冷停止存在，冰也就消失了，但水却不会；而当存在者消失时，水的实体便也一并消失了，但却无伤于可能的实存，亦即质料。这种思想的指令听上去像是：倘若你不去想这个和这个，那被给予的东西还会存在吗？以此方式，人们便抵达了存在的真正知性的诸条件；而"不异"则将自身揭示为一切存在的终极条件。离开这种诸形式之形式，便不再有形式存在，甚至不再有诸形式的可能性存在了。②

然而，倘若人们以为仅凭理性主义实在论的概念便能充分地说明库萨思想的特征，便会对这种思想有失公允了。并不是说，某种偏激的理性主义将每一种概念性论断推进到它的结果，却忽略了所得出的结论及其与健全人类知性的矛盾；引领了库萨的，毋宁说是某种动人心魄的观照，而诸般表达仅只是

---

① 中译者按：见本书第七章。
② 中译者按：见本书第十章。

赋予这一观照以表达的外衣。当他谈及至大，并将之由方才所介绍的方式中导出时，那看似纯粹逻辑性的理性主义背后却永远矗立着天主的理型。唯有如此，才能够说明：当作者断言至大即是万有后，立刻补充道，它如此这般地是万有，以至于它什么也不是。虽然这再次经由一切事物于天主中的潜在包蕴而得以说明，但毫无疑问，所有这些推理都不过是对某种先行存在之直觉的解释与辩护。

现在，费迪南德刚好由他那亚里士多德主义的往昔出发，将宇宙、超越性、实体与偶性、质料等诸般概念带到了崭新的天主概念之近旁，他由此便给予了枢机主教这样的可能性：将其崭新的天主概念的丰产性于所有这些领域中加以展开。由此，除了对这一新概念的说明之外，我们同时也获得了一份对库萨哲学的普遍性说明。

在一定程度上，库萨对于亚里士多德的严厉评判也是由这位思想者之于传统的位置所导致的。这不仅仅对于库萨，而且对其整个所身处的时代转折而言都是特征性的——当他于其对话的开篇处与费迪南德设定了这样的条件时："你要将所有从我这里听来的东西当成无足轻重般弃置一旁，倘若理智并未驱使你表示赞同的话"。[1] 即便是在中世纪，这样的声音也并未缺席：它们向对权威的过度强调提出警告，并告诫人们要使用自己的理智。约翰内斯、司各脱、爱留根纳便已然认为，用权威的见证去证明某个正确的观点乃是多此一举，而拉蒙·柳利

---

[1] 中译者按：见本书第一章。

（Raymundus Lullus）则以如下的论断对这种依靠权威的证明进行反驳：没有真正的权威会与某种确凿的认识相矛盾，从而使得个人的认识成为了诸多权威的标准。库萨了解这两位先行者的著述，对他们表达了赞许，并于自己的布道文中更少地指向了经由教会公共机构而对真理的保证，更多地则是要唤起听众自己的思想——对他而言，这种态度可能自其学生时代起便已然流行于代芬特尔（Deventer）的共同生活弟兄会士中了。托马斯·肯皮斯（Thomas von Kempen）如是说道：永远不要让某位作者的威望使你迷路；永远不要关注大学者们是否将其视作像他们一样的人，因为对纯粹真理的爱，并且只有这爱才当驱使你去阅读。不要总问是谁说了这些，而要永远关注那里所说的是什么。相比于司各脱与柳利所接受的启发而言，库萨那个时代的思潮对他的影响或许更为强烈；倘若人们要描绘出人文主义对库萨的影响，那么在此要提请参阅的便不仅仅是《愚氓》中那个著名的段落——他在那里将随处可得的真理置于"饱学宿儒"们自吹自擂的口头禅之对立面。

然而，库萨并非传统的蔑视者。他并未对传统的代言人费迪南德表示异议——就在"不异"的概念得以阐发后的当口，他立刻追问相关的权威人士。[①]而纵然这位枢机主教能够怀着合理的自我意识而强调自己之发现的独立性，他也并未拒绝这一要求，甚至努力去以伪狄奥尼修斯的权威性来为自己背书。

---

① 中译者按：见本书第一章。

倘若我们考虑到存在着不同的与谈者这一外在事实,那么如前所述,这篇四人谈便分为了三段对话,其中与费迪南德间进行的第一段占据了最大的篇幅。然而,若是从作品的内在结构出发,人们可能会更乐意将对话分成两部分。其中,第一部分是对崭新天主概念的阐发与介绍,它包括了第一至十二章,并借已然改弦易辙的亚里士多德主义者费迪南德之口于第十三章中获得了总结;第二部分位于狄奥尼修斯作品选集后,乃是与各种权威进行论争的批判性部分。倘若说第一部分是对他自己系统的阐发,那么第二部分则在一定程度上将这一系统安排到了其观念史位置上。

我这里尚余下一项任务:说点关于版本与译文的事情。我用作翻译底本的文本与海德堡科学院版间有所偏离。为此,我必须于战争期间对鲍尔的遗产进行加工,所以一项详尽的出处研究乃是不可能的,而一些我如今想要修改的东西也只能保持原样。我在拉丁文版的附录中将这些修改做了统一整理。至于那些为一位审慎的出版者所希冀的东西,即便如今并非全部可供查阅,但我相信自己基本上做出了一项负责任的决定。此外,我要向多方面的鼓励与支持致以感谢——它们来自恩斯特·霍夫曼教授与约瑟夫·科赫教授。我还将与这一版文本或批判性资料的那些不同在此篇译文的注释中简要注明了出来。

我在翻译过程中试图尽可能遵从原文的文句,只要这不会有损于德语文本的可读性。至于我在何种程度上实现了这一点,尚要交由读者来评说。一份双向(拉-德与德-拉)的重要术语对照表当为读者的熟读与比较提供便利。舍德尔的原文没有章标题，这些是我加上去的。它们应当标识出主要内容，并帮助整体的逻辑结构更加清晰地浮现出来。

保尔·威勒珀特

目　录

第一章　总举"不异"大旨 ················1
第二章　论"不异"为圣名 ···············16
第三章　论"不异"为存在与认识之大原 ·······20
第四章　论"不异"先于超越属性 ···········31
第五章　论"不异"为圣三一 ·············43
第六章　论"不异"遍在万有 ·············55
第七章　论"不异"俯拾即是 ·············63
第八章　论"不异"为万有本质 ············72
第九章　论"不异"为宇宙始母 ············82
第十章　论万物分有"不异" ·············90
第十一章　论实体与偶性 ···············98
第十二章　论质料之为潜能 ·············103
第十三章　总括前章论旨 ···············107
第十四章　狄奥尼修斯文选 ·············111
第十五章　辨释《神秘神学》之"先于"义 ·····130
第十六章　辨释《神秘神学》之"时间"义 ·····135

第十七章　辨释《神秘神学》之"一"义 ············140
第十八章　辩排亚里士多德的实体义 ··············144
第十九章　辩排亚里士多德的逻辑学 ··············149
第二十章　论柏拉图与普罗克洛斯 ················154
第二十一章　论柏拉图之隐秘教诲 ················160
第二十二章　论"不异"之超言绝象 ··············165
第二十三章　论"不异"之观照，兼论其为善 ······169
第二十四章　论"不异"之为精神 ················174

论题汇纂 ···178
译名对照表 ·······································186

第一章 总举"不异"大旨

修道院院长：您知晓，我们这献身于研究而受准许与您进行会谈的三人[1]，致力于高玄之事。我攻读《巴门尼德篇》与普罗克洛斯对其的注释，佩特鲁斯则研习同一位普罗克洛斯的《柏拉图神学》(theologia Platonis)，将其由希腊文译为拉丁文，而费迪南德则漫游于亚里士多德的精神中。而您每有闲暇，便转向神学家亚略巴古的狄奥尼修斯[2]那里去。我们乐于听闻，朝向那为上述作者所处理的问题，是否有更为简捷与明晰的道路显现在您那里[3]。

库萨：深邃的隐秘乃是那些使我们几乎无往而不为之着迷的东西，我相信，比起那些我们所一再读到的而言，再无人能更为简捷或轻易地将它们形诸言语——即便我时或感到，那能将我们更切近地引向所寻觅之物的东西为我们所忽视了。

佩特鲁斯：我们请求您将之阐明。

费迪南德：由此，我们所有人都为真理所吸引，以至于相信能够随处觅见它本身[4]；我们由此祈愿拥有一位导师，他能将其置于我们的心灵之眼前。然而，甚至是于年老体衰[5]之际，您依然表明了自己对此事业的孜孜不倦,而每逢有人邀您谈起这事,您看起来仿佛重获青春。因此,您便讲讲那已然先于我们而考虑过的东西吧。

库萨:我会的,费迪南德,我会以这样的方式与你交谈:你要将所有从我这里听来的东西当成无足轻重般弃置一旁,倘若理智并未驱使你表示赞同的话[6]。

费迪南德:我的那些哲人导师们,曾教导我须得去这样做。

库萨:那么,我一上来便要问你,那首先让我们去有所认识的东西是什么?

费迪南德:是定义(definitio)①。

---

① 中译者按:本书中,库萨每每使用"definitio"或"definire"一词,该词既具备认识论或逻辑学中的"定义"之意,也具备形上学意义上的"规定"意味——前者是就观看者的心灵对知性或是理智事物之把握而言,后者则是就理智事物自身的存在本性而言,二者原是一体两面,因为基于对经院正统的遵循,库萨无意在存在与认识之间制造裂痕;事实上,概念规定性与事物的本质规定性间的区分乃是某种唯名论的、乃至现代观念的产物(参较本章德译注[7]、[8])。尤其是当我们考虑到,在下文中,"不异"之不异于具体对象正是经由诸如天不异于天、地不异于地这种具体对象的"不异于自身"而证成的,而对于这些对象而言,其"定义"——概念规定性及其本质规定性恰好是同一回事。相比于具体的存在者需要藉助"不异"来实现自己的自身同一性而言,"不异"则仅凭自身便能达成此事:"不异"不异于"不异"(见本书"论题汇纂"部分,第三条)。由此可见,"不异"的本原地位与"不异"这一概念本身的定义无疑是分不开的。然而我们看到,库萨并未止步于某种黑格尔式的"概念之自我规定";作为中世纪新柏拉图主义传统的延续者,他对于某种不可思的先在本原之构想,不可避免地存在溢出逻辑学,因而也就是溢出与逻辑学同构的存在论(Ontologie)之倾向。在库萨看来,作为绝对者的"不异"之于万有的本原性规定作用作为"定义之定义"、"本质之本质",它"超本质"(本书第四章)、"先于概念"(本书第二十章),

第一章 总举"不异"大旨

库萨：回答正确，因为定义乃是命题（oratio）或本质规定性（ratio）[7]①。然而"定义"之名由何而来呢？

费迪南德：从规定活动（definiendo）之中来，因为它规定了万有。

库萨：很有道理。那么，倘若某个规定性规定了万有，那

已然超越了可以为语言于经验世界中所触及的概念－本质结构，迥异于知性或理智从作为有限主体的人出发而对某些理智对象做出的合乎其本质的定义（本书第二十二章取三角形为譬，对二者间的差异做了精彩的论述）；与后者以概念分判万有的做法不同，前者以自身"不异于"万有中任何一个的形式，使得万有的自身同一性（即"不异于其自身"）成为了可能，并由此成为其"本质规定性"，成为"一切万物中的万有"。由这种带有"太一论"（Henologie）色彩的形上学视角来看，"不异"之为万有本原的地位，正是凭藉这种超越于万有的规定活动而得以证成的；而对于这种本原性的"规定活动"（它实际上超越规定），我们也就无法单纯从对"不异"一词的语义分析出发而加以构想，故而现代汉语中的"定义"一词也就会显得不尽如人意了——它毕竟具有较强的概念规定性色彩，在理智所能把握的概念－本质结构中自然是合适的译名，但却未必适用于在某种超越性意义上继续谈论"规定"的语境。在接下来的对话中，库萨为此还特意借费迪南德之口，针对亚里士多德式的定义法提出了颇为严厉的批评："若是亚里士多德注意到了您所说的倒好了！……他非唯不会使用那劳神费力的逻辑，亦且要捐弃那繁难的定义技艺"（见本书第十九章）。基于以上考虑，译者将本书中在认识论或逻辑学意义上使用的"definitio"与"definire"翻译为"定义"，而在一般而言的形而上学语境中，尤其是在涉及到"不异"的超越性规定作用时，将这一概念处理为"规定"，尽管二者之间并无现代语境下那种泾渭分明的分界。

① 中译者按：ratio 一词于文中兼有本质规定性、原因、知性等多重意涵，译者将视具体语境加以拣择。值得注意的是，诸多意涵之间往往并非泾渭分明，例如此处，正是于规定之作为被规定之物的"本质规定性"这一意义上，库萨才能在下文中将其称为规定万有、使之如其所是而存在的"原因"或"根据"。

它也规定其自身么?

费迪南德:当然,因为它不将任何东西排除在外。

库萨:因此你看出,那规定着万有的规定性便不异(non aliud)于被规定者了[8]?

费迪南德:是的,因为它乃是其自身的规定性。但我却未曾看出,此规定性当为何物。

库萨:我已将其向你表达得至为清楚了。它正是那与所寻觅之物失之交臂的我们,于追寻的旅途中所忽视的东西[9]。

费迪南德:您是何时表达的呢?

库萨:就在我说出,那规定着万有的规定性无异于被规定者的时候。

费迪南德:我尚且不能领会您的意思。

库萨:我所说的只言片语并不难把握,你会在其中觅见"不异"这个词。而当你将自己整个的思力之敏锐转向这"不异"时,便会与我一同看到,正是此一规定性规定着它自身,也规定着万有。

费迪南德:教导我们这是如何发生的吧;因为您之所言大而无当,且令人难以置信。

库萨:那么请回答我,何为"不异"?它是某种与不异相异的东西么?

费迪南德:断然不是某种相异的东西。

库萨:也就是,不异。

费迪南德:毋庸置辩。

库萨:那么,请规定一下"不异"吧。

费迪南德：我看得真切："不异"是不异于不异的东西。这一点没有人会否认。

库萨：所言甚是。你现在莫不是已确凿无疑地看到，"不异"规定了它自身，因为它无法经由差异者（aliud）而被规定么？

费迪南德：我确实看到了，然而关于它规定了万有这一点却仍未确定[10]。

库萨：没有什么是比认识到这一点更简易的了。倘若有人询问你"何为差异者"，你会作何回答？不是只会说"不异于差异者"么？若被问到"什么是天？"，你会答："不异于天"。

费迪南德：如此一来，我便能真正地答出一切要为我所规定的东西了。

库萨：因为这样一来，这种"不异"所由以规定自身与万有的规定之方式，无疑便成为最准确与最真实的了，所以除了聚精会神地止息于它那里，并觅见那些能够以属人的方式而被知晓的东西以外，几乎便不再剩下什么工作了。

费迪南德：您所言说与允诺的真是不可思议。然而我首先想要得闻，在所有的思想家中，是否曾有哪一位将此公开地表达出来过呢[11]？

库萨：虽然我未曾于某位思想家那儿读到过这些，但据我所见，没有旁的人比狄奥尼修斯更接近它了。因为于其所表达的形形色色的一切中，他审明了这个"不异"。在抵达其密契神学（Mysticae theologiae）的终点时，他确定，造物者既非某种可言说者，亦非某种有差异者。然而他却是以如此的方式来言说，好像在那里没有什么伟大的东西得以开显似的。可是，对于留心的读者而言，他已然将自己无时无刻不在以多重方式进行阐发的"不异"之要妙表达了出来[12]。

注释

[1]关于三位与谈者，库萨的手稿中如是写道："与枢机主教共同交谈的，乃是修道院院长约翰内斯·安德列亚斯·维格维乌斯（Johannes Andreas Vigevius）、佩特鲁斯·巴勒卜斯·比萨努斯（Petrus Balbus Pisanus）及来自葡萄牙王国的费迪南德·马提姆（Ferdinandus Matim）"（fol. 231^r）。其中，约翰内斯曾求学于巴黎，后于塞卡狄乌姆（Secadium，今意大利塞泽市）的圣尤斯提娜修道院担任院长，从1458年起担任库萨的秘书，长期陪伴左右，直至去世；其间在枢机主教托尔克马达（Torquemada）的资助下，于1465年在本笃会的苏比亚科（Subiaco）修道院兴办了意大利的第一所印刷厂。库萨自己也曾提到与这位修道院院长进行的数次学术讨论（参较De possest fol. 174^b；De non aliud c. 22）。约翰内斯与来自比萨的佩特鲁斯同属于库萨的意大利朋友圈，后者在1415至1425年间于帕多瓦（Padua）的共同学习生活中与库萨相识，"在数学的疑难与对天体运动的研究中觅见了他的友人"（E. Vansteenberghe, Le Cardinal Nicolas de Cues, Paris 1920, S.29, Anm. 12）。他所翻译的《柏拉图神学》被收录于cod. Cus. 185与cod. Harleianus 3262，库萨自1439年起便期待着此书的译介。几年后，佩特鲁斯将阿勒比努斯（Albinus）的导言译出，并将译著献给了库萨；约翰内斯于1469年将此书付梓。第三位与谈者费迪南德则是库萨的侍医，文学与医学博士。作为库萨的人文主义圈子之一员，他也参与到了当时向印度西航一事的论争中，而哥伦布的航海探险正是由此发端的。

[2]就像这些引入性文字所显示的那样，约翰内斯与佩特鲁斯都是充满热情的柏拉图主义者，但需要注意的是，柏拉图对于他们，正如对于库萨本人一样，与普罗克洛斯的新柏拉图主义乃是等同的。在收录了佩特鲁斯译文的《柏拉图神学》手抄本（cod. Cus. 185）中，库萨的多条边注能够为某

种深入的研究作证。根据修道院院长的颂词，库萨同样鼓励了一桩《巴门尼德篇》的译事。他的手抄本（cod. Cus. 186）包含了一份翻译，克里班斯基（R. Klibansky）认为其很有可能归功于莫尔贝克的威廉海姆（Wilhelm von Moerbeke）（R. Klibansky, Ein Proklosfund und seine Bedeutung. Sitzber. der Heid. Ak. phil. hist. Kl. 1928/29 Nr. 5 S. 30–32）。这份手稿证实了修道院院长约翰内斯·安德列亚斯的证词：库萨曾亲自致力于译本的完善。除了枢机主教所做的评注与修改以外，它还包括了修道院院长本人的工作在内——正如他于本篇四人谈的导语中所说的那样，他自己对于柏拉图的《巴门尼德篇》与普罗克洛斯的注释有所专研。

库萨于晚年中一直投入地研究普罗克洛斯，自1458年起，更明显的普罗克洛斯引文开始出现于他的著作中（参较《论本原》: Über den Ursprung. Heidelberg 1949, S. 69ff.）。然而，他自青年时代起便已然相当熟悉《柏拉图神学》与《〈巴门尼德篇〉注释》这两部著作了，曾为一部于1440年前得到的包含格尔松（Gerson）与波纳文图拉著作的抄本（收录于cod. Argentor. 84）增添与普罗克洛斯的著作有关的边注。

书中将库萨所致力研究的《神秘神学》等著作归于亚略巴古的狄奥尼修斯，这是中世纪流行的一种误解；该作者实为托名，现代学者通常以"伪狄奥尼修斯"（Pseudo-Dionysius）称之。文中提到，枢机主教本人主要对于狄奥尼修斯的著作有所钻研。这位作者将自己称为宗17:34中所提及的保禄的学生，亚略巴古人狄奥尼修斯（思高本译作狄约尼削，此处译名遵循学界习惯）。这段传说获得了回响；作者的诸般撰述于整个中世纪中都赢得了崇高的声誉。第一位动摇了这一传说的乃是人文主义者洛伦佐·瓦拉（Laurentius Valla）。如今，科赫（H. Koch）与施蒂格迈尔（J. Stiglmayr）的研究已然确凿无疑地证明，这些著作与普罗克洛斯之间存在依赖关系。它们应当是公元500年左右出现于叙利亚的。在一份附有带评注的狄奥尼修斯译本的手抄本边缘处，库萨记录了一系列曾经征引过狄奥尼修斯的作者，并做了如下评注："想一想，亚他那修谈及亚略巴古的狄奥尼修斯时是否就如未曾读过他一般；而当时令人惊奇的是，盎博罗削、奥古斯丁与耶柔米，这些后于亚他那修的作者也未读过这位狄奥尼修斯"（cod. Cus. 44 fol. 1）。人们在那里或许可以看到首次对于狄奥尼修斯身份之真实性的无声怀疑；然而，这一怀疑并未影响到对其著作的价值之判断。库萨于狄奥尼修斯的表述中觅见了他自己思想的最强有力之支撑，并将其评定为自己思想的一位伟大启发者。在《论"不异"》一书内，这种对伪狄奥尼修斯的引证长达数页的原文摘录中达到了高潮。第十四章的文本包括库萨从伪狄奥尼修斯那里所借用来的、或是相信从他那里借用来的最主要的内容：天主的无限性、无知之知、整全的内在性等等。

同柏拉图主义的代表——约翰内斯与佩特鲁斯相对，费迪南德在此则扮演了亚里士多德-经院传统之追随者的角色，而作为自主思想者的库萨则接受了来自各方的推力，并对之进行加工。因为三位与谈者依次与库萨进行对话，本书也相应地分成了三篇相继的对话。其中，第一章至第十九章中与费迪南德的讨论属于第一部分，而这部分又可再分为三节：第一节中，关于作为天主的"不异"之学说作为对伪狄奥尼修斯观点的合理拓展而得以处理（第一至十三章），随后是一篇作为证据的伪狄奥尼修斯著作选（第十四章），继之以一系列与亚里士多德之间的批判性论争，它们为我们理解库萨在整个传统中的位置提供了一些依据（第十五至十九章）。第二段对话由佩特鲁斯引导（第二十至二十二章），并与普罗克洛斯有关，而第三段则将注意力转向了柏拉图——修道院长于彼处重新介入了对话。

［3］此处给出了对话的主题：它所关涉到的乃是崇高而玄微的事物，乃是对天主的知识；这是库萨毕生所研究的内容（参较本书德译本导言）。库萨试图找到一条道路，它能够尽可能直接地通向天主之本质。关于方法的问题全然是在近代开端的意义上引发了这位枢机主教的研究——当然，尚还不是以其最普遍的形式，就像我们在笛卡尔那里所见的那样，而仅仅是朝向对认识天主之方法的追问。然而，这一问题也经由同时代的密契主义而被提出了。这一类虔信者的目标乃是与天主的合一；而对于虔诚的操持而言，需要解决的第一个问题，便是找到能够抵达这种合一的通路。与来自特格尔恩湖（Tegernsee）的修士们一道，经由他们对尤其是南德意志与东南德意志那边广阔圈子的介绍，库萨对这一问题进行了讨论：爱的超升，或者说，至少在某种对爱的合一之准备的意义上——认识的努力是否能够通向天主（参较以下的讨论：E. Vansteenberghe, Autour de la Docte Ignorance. Beiträge zur Gesch. d. Phil. des Mittelalters, herausgegeben von Cl. Baeumker, Bd. XIV, 2–4, Münster 1915）。库萨在此始终代表了这样一种观点：在此，认识必然起到至少是协作性的作用。

第一章 总举"不异"大旨

在《论有学识的无知》中,库萨便已然对认识天主之诸方法进行了批判性的讨论:肯定神学将诸般概念应用于天主身上,这些概念的内容是我们经由对经验世界的认识所获取的。然而,因为无限者永远无法从有限者出发而得以认识,这一进路便永远无法抵达一种令人满意的对天主之认识。我们的概念并不适用于天主如其自身的存在,而仅仅处于同受造物的关联中,这种关联对天主而言并非本质性的(Docta ignor. I c. 24 S. 50, 12ff.;参较 Dies sanctificatus, Cusanus–Texte I, Predigten 1, S. 12, 15 ff.)。否定神学的道路显得更为正确,它从天主那里否定掉一切受造物的属性(Dies sanct. S. 14, 2 f.)。既然唯有这种处理方式能将天主的无限超越性纳入考量,那么否定神学便是肯定神学的必要补充;倘若离开这层限定,肯定神学就难免会将天主作为受造物——而非无限的天主来加以尊崇了(Doct. Ign. I c. 26 S. 54, 14ff.)。库萨清楚,自己凭藉这种否定神学而处于一个大传统之内,其中包括伪狄奥尼修斯之《神秘神学》、大马士革的约翰之《正统信仰阐详》、爱留根纳的《论自然的区分》、迈蒙尼德的《迷途指津》、瓦京的贝恩哈德的《赞美有学识的无知之辩护》等等(Dionysius Areopagita Myst. Theol. V PG 3 col. 1048; Johannes Damascenus De fide orthodoxa I, 4 und 12 PG 94 col. 800 und 845; Johannes Scottus De div. nat. I, 66 und 76 PL 122 col. 510 BC und 522 B; III, 20 und IV, 5 col. 684 D ff. und 758 A; Maimonides Dux neutrorum I, 57; vgl. Bernhard von Waging Def. laud. doct. ign. 186, 6–14)。在任何一种以人类概念把握天主的尝试必然地悉数失败之后,库萨认识到,唯有关于"无知"的教导,或者说使得这种不可把握性变得可把握的方法,才是最佳的进路(Doct. ign. I, 2 S. 8, 14; Apol. 12, 11–13)。当然,思想者孜孜不倦的追寻没有满足于这一结果,我们会在找寻新道路的旅途上发现他。这一再作为其著作的座右铭而出现:他找到了某种更为简易地通向神秘神学的进路——这始终是他的目标,比如作于1453年的《论天主之观照》(fol. 99^r)与《平信徒论智慧》(S. 29, 22 ff.)。

[4] 真理乃是就其自身而言即可认识的,或者用经院术语来说:"最可为理智所理解的"(maxime intelligibilis)。柏拉图将概念世界揭示为真正的认识于真实的意义上在其中可能的领域。他于此看见了真理,那理智可理解之物。对他而言,认识也是从那里起始的;它仅仅于此种程度上才能认识经验的诸对象:它们能够被把握为那个永恒领域的诸摹本,亦即将那些永恒的

形式于自身之内反照出来。当亚里士多德现在否认灵魂具有任何潜在的知识,并教导了经验的某种按部就班之迈进时,在"就其自身而可把握之物"与"对我们而言可把握之物"间就产生了裂痕。现在,那原本自身即为理智可理解的与第一性的东西,对我们而言变成了最末的东西。当普遍之物被视作就其自身而言可把握的,并由此被确定为理智的时,这乃是亚里士多德主义中柏拉图主义态度的残余。然而真理——诸对象的理智存在——乃是本身即为理智的,它可以为认识所通达,只不过对我们而言需要付出许多辛劳才可达到。一种首尾融贯的亚里士多德主义兴许会使得自身可把握之物至少是作为称谓而出现,但经院哲学却严格地执行了对"就其自身而言"与"对我们而言"的两种第一性之区分;而当库萨将真理阐明为"随处可觅见的"(undique reperibilis),亦即最可为理智所理解的时,他完全处于这种框架之内。

在"就其自身而言"与"对我们而言"可把握之间的区分之位置上,库萨那里还出现了另一重对立:是以真理把握它,还是以我们的能力把握它。库萨于存在论的意义上将真理的概念视作与存在相等同的,正如柏拉图与奥古斯丁那样,并认为真理在真实意义上即是天主,这位一切万有的存在根据——唯有祂才是真实不虚的。他认为:"由此,天主乃是真理,乃是为理智所理解的对象,乃是最可为理智所理解的东西"(参较《辩护》:Apol. S. 12, 9–10),或者说:"无法被理解为不存在的真理"(Dies sanctific. Cusanus Texte I, 1 S. 12, 9)。确切来说,"天主是真理"这一判断并不意味着,天主乃是处于其自在存在中的存在者,而是指出了天主的可能性:祂向那摆脱了肉体之枷锁的有福之灵魂启示自身。这样一来,于天主庄严地端坐于其宝座中的意义上而言,甚至真理自身也就不再是天主了;毋宁说它是天主的某种方式,祂以此方式成为了对理智存在者而言可于永恒生命之中当下可及的东西(《为主之子》:Gotteskindschaft S. 85)。这恰好符合于那种初始的真理观念与在传统中得以确立的存在论真理观念;根据这种观念,真理乃是对象中可见与可认识的元素。由此,库萨完全是在普遍意义上说道:所有真的东西都是经由真理自身才真的、才能为人们以理解性的方式觉知的。是的,真理乃是一切可理解性地为人所觉知者的唯一可理解性(同上,S. 89)。因而于存在论的视角中,这个判断几乎是同语反复的:真理是可认识的。这一判断便于此意义上出现在了文中此处。

第一章　总举"不异"大旨

然而此外，同样还存在着认识论的视角。在逻辑真理的意义上，库萨使用了经院哲学对真理的著名定义："理智与存在之间的一致"（adaequatio rei et intellectus）(《提要钩玄》：Compendium c. 10）。认识只能逐步地与不完满地达到真理。前面由《辩护》所引的那段文本由此继续说道："而祂，出于其超绝的可理解性，乃是不可为理智所理解的。"《论有学识的无知》甚至通过对认识的摹本理论之暗示来证明一致的认识之不可能性。在原本与摹本之间不存在全然的相似性（Docta ign. I, 3）。库萨以一种真正的苏格拉底精神提醒我们，要对人类认识的这种局限性有所意识，也就是说，要接受有学识的无知这样一种态度。这两种真理概念于此论断中非常清晰地并肩而立："我们愈是深入于有学识的无知中，便愈是接近真理"（Docta ign. I, 3 S. 9. 25—27）。

［5］我们可以非常确切地定位这部四人谈的创作时间。尤宾格提出了如下的考虑（S. 149–150）：在《论智慧之追寻》的序言中，库萨说自己已经61岁了（Sexagesimum...primum transegi annum）。这篇论文因而问世于1462–63年，但无论如何都在1463年复活节（4月10日）前，因为当年复活节时，对话《论观照之巅》就已经在进行了（De apice theoriae fol. 219ʳ）。而四人谈写于《论智慧之追寻》的前一年：我去年写于罗马（Scripsi... Romae anno transact, De ven. sap. c. 14）。他的手稿因而于1461–62年完成于罗马。在那里，库萨自1461年10月逗留至1462年5月。我们因而来到了1461–62年冬，因为根据一条评论（De non aliud c. 7），当时罗马已经有冰了；并且可能是在1462年1月18日之前。就在那天，佩特鲁斯·巴勒卜斯成为了主教，但四人谈中却并未涉及到这项殊荣。

［6］在这条对相信权威提出的警告中，已然表现出库萨之精神取向的某种典型现代元素。正如他对于传统采取批判性的态度那样，他也提醒自己的学生采取同样的态度。就连中世纪本身也在对待权威的态度问题上经历了转变。坎特伯雷的安瑟伦（Anselm von Canterbury）的思辨方法于其殁后的150年间几乎未曾得到任何关注。与之相反，阿伯拉尔的辩证方法则居有统治地位，它将诸位权威作者相互对立地置于其不同的观点中，并由此加以考量。随后，已然由安瑟伦预先创立的对信仰真理之思辨性探究于十三世纪流行起来。权威仍然扮演着重要的角色，但相对于个人的思辨工作而言则退居幕后了。在此，圣托马斯的态度十分典型，他虽然怀有对权威作者们的全副

敬畏与肯认，但仍然尝试以自己的学说去使之达成和谐——若是离开强力的再解释，这当然是不可能的（参较Hertling. Augustinus-Zitate bei Thomas von Aquin. Histor. Beitr. Zur Philosophie, hrsg. v. J. A. Endres, Kempten 1914, S. 97-151）。这一发展线路于近代的开端处得到了坚定不移的进一步推进。现在，个人的见解有意识地、明确地站到了权威们的身侧，并与之形成了对立。唯有在对于事实的批判性检验能够为其提供确证时，权威们才被认为是有效的；离开权威之后，现在的口号便是：朝向事实，朝向源头（ad res, ad fontes）。而库萨乃是文艺复兴真正的同时代人。他在一篇布道文中非常精彩地说道（17 n. 15 C 11^{r-v}）："因此，我们不应当于那许多出自人类之手的书籍中劳神费力。"我们应当由那些人类所创造的书籍中抬起头，转向自然之书——那是为天主的手指所写下的东西。权威作者们也同样不是从故纸堆中汲取其知识的，他们自身并不是死啃书本的腐儒，愚氓对于博学的代言人如是说道。智慧在户外、在大街上放声呼唤（De sap. S. 5 ff.）。库萨想要的是每一个体原初的问题意识与思想体验，而非拾人牙慧的、现成可用的传统。这不仅仅是作为思想者的库萨之态度，毋宁说也是这位教会与政治改革家的态度。人们可以在这一判断中看到个人苦痛经验的回响：比起放弃旧习惯，人们毋宁放弃许多人的生命（Apol. S. 6, 3 f.）。

所有这些都能够帮助我们正确理解库萨对于权威所持的态度。他并不反对所有权威，并乐于在他们那里寻求建议与启发（参较《论存在之潜能》，Vom Könnensein S. 28）。然而，他所追寻的是有生命力的权威，并反对向权威本身顶礼膜拜。比书本知识更高的乃是个人对真理的争取。权威只有在为这种争取效劳的意义上才具有合法性，而不能成为它的替代品。令人感兴趣的是，库萨会如何对话的推进中以子之矛攻子之盾，将费迪南德的导师们所肯定的箴言掉转过来反对他们自身，而费迪南德自己又是如何一步步与亚里士多德传统渐行渐远的。

[7] 经院哲学对于"定义"的定义是：说明事物之本性或边界之表达的命题（oratio naturam rei aut termini significationem exponens）。亚里士多德已然将这种功绩归给了苏格拉底：以他追问一件事物之"什么"（τί ἐστι）的问题，认识到了定义性规定的重要性（《形而上学》: Met. M 4 1078 b 27-28; A 6 987 b 3-4; 参较色诺芬的《回忆苏格拉底》: Xenophon Mem. 1, 1, 16; 4, 6, 1）。我们可以在柏拉图对话中生动直观地看到这种对概念清晰性的

第一章　总举"不异"大旨

要求。与此相一贯地，对定义的搜集由柏拉图学园的教学活动中生长而出。亚里士多德将定义规定为描述一件事物之本质的语句（Ὁρισμός ἐστι λόγος ὁ τὸ τί ἦν εἶναι σημαίνων Topik H 5 150 a 31），并将之解释为地地道道的认识工具（Ἐπιστήμη ἑχάστου ἐστὶν ὅταν τὸ τί ἦν ἐχείνῳ εἶναι γνῶμεν Met. Z 6 1031 b 6, 20）。合乎规范的定义给出最邻近的高一层的属与种差。由此，人根据其所在的属被归为动物，并由其拥有理智能力的特征而与这一属内的其它分支得以区别。他的定义因而便是：具有理智的动物。因此，托马斯如是谈及了定义问题："由此可见，由属与差异所构成的种的唯一命题便是定义"（In Arist. Met. VII 1. 3 n. 1328; 名称所意谓的命题就是定义，S. Th. I q. 13 a. 1 c）。因而当库萨对获取知识的最佳途径的问题做出回答时，他完全处于这一传统的脉络中：这途径便是定义，而定义乃是命题或本质规定性。

有一种现代理解将定义视作概念的规定性，对此需要指出如下一点：库萨尚全然处于传统的态度之中。定义对于他而言，正如对于柏拉图、亚里士多德与托马斯而言，乃是对象本质的规定——它的对象并不是概念，而是本质。据我所知，哈特曼（N. Hartmann）最先指出了这种迄今为止还甚少为人所关注的、传统理解与现代理解之间的差异（Aristoteles und das Problem des Begriffs. Abh. der Preuß. Ak. Phil.-Hist. Kl. 1939 Nr. 5 S. 1 bis 32）。如哈特曼所表明的那样，唯名论才将概念规定性视作定义。然而，库萨并不是什么唯名论者，即便他在 Comp. c. 10 fol. 172v 中写道：那形成认识的定义是对折叠在语词中之物的阐明，这也不是在将定义理解为概念规定性，而应当依照托马斯的这个段落来加以理解：名称所意谓的命题就是定义（S. Th. I q. 13 a. 1 c）。语句表述了对象的本质，而定义展开了这种描述。

[8] 定义乃是对对象性本质的概念性把握。根据托马斯的说法，我们需要区分两种语言表达：概念，亦即经由语言得以表达的思想内容，与为概念所把握的对象性本质。一项定义因而可能会错失其对象，因此我们便无法具有对象的正确概念。然而，倘若一项定义是对其自身的规定，那么概念与对象便合而为一，错误的可能性也就不复存在。库萨在《论智慧之追寻》中以热情洋溢的表达盛赞了这种定义，以诸如"极佳的"、"伟大的"、"真的"、"美的"、"智慧的"、"完美的"、"赏心悦目的"等等溢美之词为这种既规定自身、又规定万有的定义加冕，其于定义中是定义，于被定义者中即是被定义者（第十五章）。

[9] 库萨喜欢使用哲学研究追寻真理这一比喻,因而将自己毕生工作的总结冠以如下的标题:"智慧之追寻",并于彼处说道,柏拉图在追寻智慧的旅途中展现出了令人惊异的审慎(c. 1)。这一比喻也出现于对特格尔恩湖的修士们之回应中(epist. 9 S. 121; ep. 15 S. 130)。

[10] 库萨在《论"不异"》中觅见了规定之规定,它是一种不可进一步讨论的概念规定性,只能由自身说明自身。人们可以于每一个定义那里追问,它是否与那个被意指的对象相合,亦即它是否给出了一种充分的概念规定性;然而,这一问题对于自身即是概念规定性的定义而言则是失效的。它因而是规定其自身的定义。由此,这一论题的前半部分也就得以证明,而库萨现在便迈进到对第二个论断的证明中,亦即如此一种定义同样也概念性地规定了万有。每个事物都与其自身同一,作为这样一种"如此这般的存在"(So-sein)而与其它诸多"如此这般的存在"相异,这一事实是经由经院哲学中的超越概念"一"与"异"而获得了表达的(Thomas De veritate q. 1 a. 1c)。每个对象都是一个、并且是这样一个如此这般而与其它对象相异的对象:这就是它何以被称作"某物"的原因。托马斯对此甚至使用了这样的表述:"某物"(aliquid)就像是"差异性的'什么'"(aliud quid)那样而得以称谓。"作为某物而存在"使得对象作为自身,在与所有其余对象的比较中凸显了出来。人们也可以与库萨一道,对这一思想加以否定性的表述,并将对象的自身同一性——这种自身同一性使之成为"自身",并成为相对于其它对象而言的"差异者"——描述为某种"不异于自身的存在"(non aliud)。每个对象都正好是其自身而非某个别的东西。在旧日的超越属性学说之意义上,库萨由此赢得了一种对象性的普遍之形式规定性。"不异的存在"或"与自身同一的存在"乃是每个对象的形式条件,在这种程度上可以作为对每一个对象的最普遍的断言而适用。

然而,经院哲学中的超越属性并未与存在者之最高的属相等同——它们明显是作为"抵达每个存在者的普遍方法"而从属中突显出来的,而库萨则使得对象性的某种形式元素成为了一切对象的规定性要素,因而成为了对象性的"如此这般而存在"的终极质料性元素。因此,他的证明必然显得纠葛不清,难以令人满意。

[11] 费迪南德由此将自身表明为传统的代表者。他虽然将自己理智的指导原则肯认为最高的法官,但仍在一定程度上寻求权威们的支撑。理智虽

然已经开始进行独自行走的尝试，但仍然畏惧自立与孤独，因而寻找着拐杖与载具。库萨清楚地独立进行研究这一任务，但他同时也并不蔑视权威，并发觉在自己与他们达成了一致时为此感到欣悦。

[12]库萨在此清楚地将"不异"这一崭新的天主概念作为他自己的发现而纳入了考量。不过，他声称自己是在狄奥尼修斯那里得到的启发。事实或许确然如此。这一新的天主概念位于库萨思想的脉络中，将他以"对立面的重合"而发端的尝试更往前推进了一步。天主在他1447年的短篇对话"论创世"中便已然被规定为"同一者"（der Selbige）。然而，对库萨而言，这一概念向"不异"的推进却仿佛是在他对伪狄奥尼修斯著作的钻研中才成为可能的。尤其是为他于此处所提及的《神秘神学》的段落，它可能点燃了这一思想的火花。伪狄奥尼修斯于彼处在否定神学的意义上否定了一系列天主的规定性，并在最后说道："祂也并非我们所思想的那个灵，非子非父，亦非任何与我们或其他某种存在者所认识的相异的东西"（c. 5 PG 3 1048 A）。没有人会在此找到作为天主之概念的"不异"这个称谓，哪怕是仅仅感到自己碰上了这个概念，除非寻觅者已然处于自己走向这一概念的途中了。由天主"并非任何有差异的东西"这个思想出发，库萨形成了某种完全不同的想法：天主乃是"不异"。若不考虑他将伪狄奥尼修斯视作这一新思想的唤醒者这一事实，库萨往注意在将这位权威在他自己的意义上加以阐释，如第十四章所显示的那样。

第二章 论"不异"为圣名

费迪南德：当旁人将万有的第一本原（principium）称作"天主"时[1]，您却仿佛想要以"不异"来称谓它。人们须得承认，它的确是在首者，既规定了自身，也规定了万有；因为既然无物先于那在首者，且它与那后于它的万有相分离，那么除了经由其自身以外，它便无从得以规定。然而，由于本原所生之物（principiatum）从自身只是无，而唯有从本原那里才成其所是，所以事实上，本原乃是它的本质规定性或规定[2]。

库萨：你对我的理解是准确的，费迪南德。因为纵使有众多名号被指派给第一本原，其中也绝无可与之相匹者，因为它甚至是一切诸名与万事万物的本原，并非所生之物而先于一切，但尽管如此，相较于其它称谓方式而言，它仍可凭藉某种称谓方式而为思的敏锐所更加准确地观见。我至今尚未得知，有哪种称谓能更为真确地将人类的目光引向那在首之物。因为一切称谓都被限定为某种差异者（aliud），或是差异者本身；既然一切差异者都自这"不异"自身而来，那么它们也就无法引向这在首者了[3]。

第二章 论"不异"为圣名

费迪南德：我看到，事情的确如您所说。因为差异者作为观看的目标，无法成为观看者的本原。由于差异者不异于差异者，它便无论如何都预设了"不异"；没有差异者能够离开它而存在。由此，一切与"不异"的描述自身相异的称谓都被限定在差异者上，而未曾指向这一本原。我以为，这一点确凿不移。

库萨：所言极是！因为我们唯有凭藉语词的描述才能使认识向彼此开显，所以就不会遇见比这"不异"更为确切的了，即便是天主之名号也一样，它先于一切上天下地的可命之名[①]，正如将旅人引向城市的道路也并不是这城市的名称。

费迪南德：这样一来，如您所言，我也清晰认识到了这一点，当我看到天主乃是不异于天主的东西，某物乃是不异于某物的东西，无乃是不异于无的东西，而非存在乃是不异于非存在的东西时；一切能依某种方式而得以言说的事物皆是如此。我甚至由此看出，"不异"先行于所有那些东西，因为它规定了它们；而既然"不异"先行于它们，那它们也就是差异者了。

库萨：你心灵的机敏与生命力令我愉悦，因为你既快且准地抓住了我意在表达的东西。现下由此出发，你彻底看清了："不异"这一称谓不仅仅如道路般将我们引向本原，而且也使天主的不可名之名号愈发切近地得以成就；在其中，祂就像于

---

① 中译者按：参较斐 2:9："天主极其扬举他，赐给了他一个名字，超越其他所有的名字"；弗 3:15："上天下地的一切家族都是由他而得名。"

一面珍美的明镜中那样，向着研究者们反照出来①。

注释

[1] 当定义成为了对象本质的再现时（参较第一章尾注vii），这个规定其自身的定义便与那自身规定的本质相同一了，而逻辑上的在首者也就同时成为了存在论上的在首者。从他在自己与伪狄奥尼修斯间制造联系这一点便可看出，库萨以这个自身规定并规定万有的定义所要把握的不仅仅是逻辑上的在首者，同时也是存在论上的在首者，亦即他想要赢获某种新的天主概念。与此相应，研究从现在起便从逻辑学领域转移到了存在论领域中。这一研究是以本原的概念而开始的。经院哲学藉助于亚里士多德，将"本原"规定为存在、动变与认识的第一因（Met. Δ 1 1013 a 17-19）。托马斯称："'本原'所称谓的无异于那某物由之而产生的东西"（Thomas S. Th. I q. 33 a.1）。第一本原乃是天主。在《论智慧之追寻》第八章中，库萨关于柏拉图谈道："因此，他曾将第一本原断言为天主。"而对于普罗克洛斯，库萨则说道，他"将万物的普遍原因置于诸神之首"。

[2] 定义给出了存在的根据与某个对象的本质。亚里士多德下面这个著名的例子很好地阐明了这一表述的意义：当我们认识到雷声来临时，我们也同样知道，什么是雷声（《分析后篇》：An. post. B 10）。托马斯对此解释道："另一个定义的定义是，它作为原因而展现出因为什么……它仿佛是某种特定的对什么东西之所以存在的说明。"这里所涉及的因而是对第一本原的把握，它是万有的存在根据，同时也是万有的认识根据。

[3] 库萨所努力求取的乃是这样一种天主概念，它能够尽可能出色地复现天主那不可言说的本质。这种不可言说、不可把捉的本质以某种方式而对精神性观照成为了在场的；我们在自己的精神之眼前拥有一幅天主的形象，对其本质的某种预感。然而，以语言对这幅形象进行描述则是十分困难的。我们的所有概念都将某些世俗的属性强加于天主身上，因此它们首先适

---

① 中译者按：参较智7:26："她是永远光明的反映，是天主德能的明镜，是天主美善的肖像"；格前13:12："我们现在是藉着镜子观看……"

用于某些别的东西，随后才在某种引申的意义上适用于天主。由此，库萨对整个存在者的类比（Analogia entis）学说加以批评，认为它对于天主的本质有失公允（另参较 M. Feigl, Über den Ursprung. Einführung S. 26 以及 Vom incomprehensibiliter inquirere Gottes im 1. Buch von De docta ignorantia des Nikolaus von Cues. Divus Thomas 1944 S. 322.）。而与此相反，在"不异"这一概念中，库萨相信自己找到了首先并且是在真实意义上适用于天主的概念，它并不是经由受造之存在的类比而被引申到天主身上的。

关于"称谓意义"（significatum）与"称谓方式"（modus significandi）之间的区分，参较托马斯：S. Th. I q. 13 passim，尤其是 a. 3c。为诸如"善"、"生命"等语词所称谓的对象性本质在真实意义上适用于天主，甚至比起受造物而言还要更加适用于天主：天主是生命，天主是善。然而，我们是从受造物那里抽取出这些称谓之意义的；由此，我们从这些本质那里所获得的概念乃是不完满的，而我们的称谓方式亦复如是。因而我们必须说：天主是善的，但并不像我们对"善"的认识那样。

然而，"不异"应当为库萨提供一种并非由其在创造物上的应用中所导出的称谓，而是在其原初意义上就已然适用于天主的称谓。在概念上，它乃是一切其它概念的前提，而在对象的领域中，"不异性"乃是任何对象性的差异性之前提，因为每个对象都必须首先与自身同一，这样才能与另一个对象相区分。"不异"因而便是对象性的最普遍之条件的合适表达。

第三章 论"不异"为存在与认识之大原

费迪南德：虽然这一点十分明朗：您藉由这"不异"来观照[①]存在与认识的本原；然而，倘若您不更加明晰地向我阐明它，我便仍旧把握不住。

库萨：按照神学家们的说法，天主于光的映像（lucis aenigmate）中向我们更为清楚地反照出来[1]，因为我们凭着感性之物才超升到理智之物（intelligibilia）那里去[2]。事实

---

① 中译者按：库萨在本书中于多重语境下使用"videre"、"visio"（观看）等词。在库萨看来，对于可感或可名的形下之物的观看，相较于对超越者的"观看"而言，事实上并非同一种认知活动："'不异'被称为绝对的概念；唯独心灵能观照于它，而它于其它情形下则无法被把握"（见本书第二十章）。这种认识往往与库萨所主学识的无知（docta ignorantia）一义关联起来："一旦我看出，无人能看见天主这一点乃是真实不虚的，我便于一切可见者之上真实地照见了那位'不异'于一切可见者的天主"（见本书第二十二章）。故此，当所观看的对象限于一般的感性、知性或理智对象时，译者便将其处理为"观看"；而当涉及到对作为超越者的"不异"之把握时，则尽可能以"观照"、"照见"等含有更强烈密契主义意味的语汇对译之，尽管这种"观照"是否涉及到真正意义上的密契直观仍是有待商榷的。

上，这本身乃是天主的光,绝对地先于一切其它(aliam)无论如何可命名的光,先于一切差异者。然而,那先于差异者而被观照的东西,却并不是差异者。因此,既然这光便是"不异"自身,而非任何可名的光,那么它便辉映于感性的光中。不过人们却以某种方式懂得,感性的光之于感性知觉,正如作为"不异"的光之于能为心灵所观看的万有。我们由经验得知,一旦离开感性的光,感性观看便了无所见,而倘若可见的颜色无异于对感性之光的限定或规定,正如虹霓所显示的那样[3];由此,感性的光便是可见可感的存在与认识之本原。由此我们猜度,这个"不异"便是存在的本原与认识的本原了[4]。

费迪南德:真是清楚而令人快适的说明!因为在感性听觉中也是如此。声音乃是可闻的存在与认识之本原。由此,那为我们以"不异"所称谓的天主,便成了对一切万有而言的存在与认识之本原。一旦将之移除,那么就无物存在了——无论是于事物中还是于认识中。正如虹霓在光被移除后便既不可见,亦不为人所见;可闻之物于声音被移除后也就既不可闻,亦不为人所闻了。由此,倘若一朝移除了"不异",那么就既不存在某物,也没有某物被认识了[5]。我无比坚定地确信,事情就是如此。

库萨:你的确信诚然无误,但我也要提请注意如下的事情:当你眼见到某物时——比如一块顽石——纵然无意对它加以观察,你也无法不借助光而看到它。当你耳闻到某物时,也无法不借助声音而听见它,纵然没有投以关注。因此,存在与认识的本原先行给出自身,而一旦离开它,朝向见闻的努力便都成了徒劳。另外，因为你的意图指向你所意欲看见与听闻的差异者，所以你便无法令自己在对本原的观察中得到休止，虽然它乃是所追寻之物的元始、中心与终末①[6]。

以此方式，将你的注意力转向"不异"吧。因为既然一切万有，无论它是什么，都不异于它自身，它便不从什么别的地方拥有其本性；它因而是由"不异"而拥有它的。由此，除非经由"不异"，不然某物便既不存在，也不被认识到其存在。自然，"不异"便是它的原因（causa）、它最明确的本质规定性或规定，它先行给出自身，因为它便是那为心灵所追问之物的元始、中心与终末；但它绝无可能以存在的方式得以观察，只要被追寻之物乃是作为某种差异者而被追寻的。因为被追寻的实际上并不是那永恒先于被追寻之物的本原，而若没有它，被追寻者便无法在哪怕最低程度上得以被追寻[7]。然而，追寻者中的每一位都试图触及本原，只要他，如保禄所言[8]，足以胜任的话；而因为本原无法为人所触及，正如它处于自身之内那样，那先于差异者而追寻它的人——因为他自己也是差异者——便根本是于差异者中追寻它的，一如光在其自身之中

---

① 中译者按：该思想很可能来自普罗克洛斯的《〈巴门尼德篇〉注释》，参较本章德译注［6］。此义亦合于《圣经》本文，虽然其中往往仅将"元始"与"终末"二者并提，如依44:6:"我是元始，我是终末，在我以外没有别的神"；默22:13:"我是'阿耳法'和'敖默加'，最初的和最末的，元始和终末"。关于"中点"的相关阐述见出29:46:"他们要承认我上主是他们的天主，领他们出了埃及地，为住在他们中间"；苏3:10:"你们由此可知道，永生的天主是在你们中间"；格前14:25:"这样他就必俯首至地朝拜天主，声称天主实在是在你们中间"等等。

第三章　论"不异"为存在与认识之大原　　23

于人类之视觉而言乃是不可见的，如其于纯粹的日光中所显示的那样，因而人们唯有在可见之物中才能尝试看见它[9]。我们的工作因而并不在于寻到那自身便显现于可见之物中的光，因为它除此之外便是不可把捉的；职是之故，人们须得以光追寻光。由此，光于可见之物中——人们就在那里把握与钻研它——至少能够近似性地被看见。

注释

[1] 远古的宗教想象于那使得万物滋长的光中见到了某种神性的东西（巴力神、拉神、阿胡拉·玛兹达），晚近的思辨由其中发展出了某种光照形而上学，我们尤其可以在诺斯替主义者那里看到它（参较Hippolyt. Refut. omn. haeres. V, 19, 2 ff. p. 116, 25 ff; X, 11, 2 ff. p. 270, 9 ff.; 关于西满术士，参较前书：VI, 9 p. 136 15–27; X, 12, 1 p. 272, 17–273, 7; 关于"幻影说"的信徒，参较X, 16, 3–6 p. 277, 24–278, 15; VIII, 9, 3–8 p. 228 7–229, 7; 并参校H. Leisegang, Die Gnosis. Leipzig 1924中关于"光裳"（Lichtkleid）、"光之宝藏"（Lichtschatz）与"光露"（Lichttau）的段落，亦可参较这一版本中的汇编：C. Schmidt, Koptisch-gnostische Schriften. Leipzig 1905, S. 394 ff., 关键词：光（Licht）、光之王国（Lichtreich）、光之宝藏、光之射线（Lichtstrahlen））。摩尼教徒那里也出现了类似的情形（参较奥古斯丁：Augustin. De vera relig. c. 49 n. 96 PL 34, 164ff.; De lib. Arb. III c. 5 n. 16 PL 32. 1279; Contra Faust. XX c. 7; XXII c. 8–9 PL 42, 372; 404 ff.; Conf. IV, 16, 31 PL 32, 706; V, 10. 20 PL 32. 716）。在这里，世界的结构被解释为原初之光的日益下降与转暗。而在旧约与新约圣经中，光也经常作为天主的形象而得以使用。

哲学中对光的思辨可以追溯到柏拉图。他将善的理型——此乃柏拉图对创造世界之神性的表达——与太阳加以比较。正如太阳在可见王国中赋予了一切万有可见性与生命那样，理智的诸本质也经由善的理型而获得了存在与可认识性（参较《国家篇》，VI 508B–C; 509 B; VII 517BC）。在此后的时间中，这一形象被无数次地加以重复。当亚历山大里亚的斐洛（Philo von Alexandrien）拾起了这一柏拉图主义的形象，并将天主描述为精神的太阳（νοητὸς ἥλιος）与一切光的原本时，他已然给予了这个柏拉图主义的形象某种影响重大的使用方式——它虽然完全在柏拉图主义的意义上存在着，但却并未在柏拉图本人那里被给出（De virtut. 22, 164 Bd. II, 317, 16）。对于中期柏拉图主义者欧伊多罗斯（Eudoros）而言，"一"便是光，参较 Simplik. Phys. 181, 26 Diels。当柏拉图将某种由感性世界提取出的形象引申到精神事物上面时，斐洛则认为，真正应当谈及光的地方无疑是理智世界，而那时诸如太阳、光这些可见世界中的概念已然经过了某种延伸，从而偏离了它们原本与真实的意义。新柏拉图主义的思辨在此追随了他（普罗丁：《九章集》：Enneaden IV, 3, 17, p. 84 8; V, 3, 12 p. 66, 40ff.），但它与此同时也使用了流溢的新思想。虽然普罗丁与普罗克洛斯严格把持"太一"及其精神世界的超越性，但他们却相信，以光的形象可以对世界由终极本原中的产生给出最佳的阐释。处于理智世界光芒圈子之外的乃是可见的宇宙，它凭藉真正光芒的余晖而生存（Plotin, Enn. IV, 3, 17 p. 84, 8ff.; I, 7, 1 p.109, 25 Br.; Proklos in Parm. p. 1044, 4–12 Cousin[2]）。

一方面，斐洛的思想于犹太-卡巴拉文献中继续存活了下去（参较 S. Poznanski, Philo dans l'ancienne littérature Judéoarabe. *Revue des Études Juives* 50 1905 S. 10–31），阿拉伯人的思辨深受其影响；而另一方面，由一位普罗克洛斯后的不知名作者所创作的《原因之书》（Liber de Causis）则成为了除奥古斯丁外中世纪最主要的新柏拉图主义光照形而上学理念之来源（"第一因对它的结果施以光照，从不迟疑……" § 5, p. 168 Bardenhewer）。根据其新柏拉图主义的整体态度，爱留根纳、德伊兹的卢佩特（Rupert von Deutz）等人将天主视作真正的光。随后，这一新柏拉图主义的光照形而上学尤其对波纳文图拉产生了强烈影响：他虽然承认惯常的语言使用首先令人想到感性的光，但却强调，天主在真正的意义上是光（II Sent. d. 13 a. 1 q. 1 obj. 3）。阿尔伯特也分享了这一观点（De causis et process. univ. II tr. 1 c. 25 Bd. X S. 475 b 等）。包括库萨的友人，狄奥尼修斯·雷克勒（Dionys. Ryckel）也醉心于这一观点（De lum. christianae theoriae I, 5），而文艺复兴时期的新柏拉图主义者，如马尔西利奥·费奇诺（Marsilius Ficinus）与皮科·德拉·米兰多拉（Pico della Mirandola）也不例外。

第三章　论"不异"为存在与认识之大原　　25

与这种库萨所处的新柏拉图主义传统相反，亚里士多德主义坚守这一观点：光的概念只是形象地引申到了精神事物与天主上。托马斯明确论证了其对立的立场（II Sent. d. 13 q. 1 a. 2; Summa Theol. I q. 67 a. 1）。然而，尽管与新柏拉图主义传统间存在强有力的关联，库萨却在原初的柏拉图主义意义上坚守了理智之物的譬喻与感性之光的理论（De Beryllo c. 19 S. 21, 25 Baur）。他也是在此意义上理解狄奥尼修斯的（De Beryllo c. 19 S. 22, 1 Baur）。由此，这一譬喻在这里对他而言同样是某种感性的形象，它应当对非直观性的关系加以生动形象的表达，而同样的应用也存在于认识方面的诸关系中：天主乃是一切理智事物的根源，正如太阳乃是可见之色彩的根据。这里保留了对某种形象特征的意识。尽管如此，库萨却立即展现出了自己于新柏拉图主义传统中的深厚根基，他继续论道：那纯粹之光便是天主，它先于一切其它的光，无论我们如何称谓它；它反照于可感的光中。普鲁塔克（Plutarchs）的思想也与此类似："就像日头于天空中作为神性最庄严的摹本，对那些人而显现：他们能够在它之中看见神性，就像在一面镜子中那样"（Ad princ. Inerud. 5）。库萨在其它地方也无一例外地分享了新柏拉图主义光照形而上学的表述方式，如布道文第23篇："神圣的技艺是无限的光，它辉映于万有之中"；再如《论本原》（Üb. D. Ursprung n. 25 S. 54）："在光受造之前，它作为那应当首先出现的光，经由其自身而是独立的。"

[2]经院哲学有如下一条公理：没有存在于理智中的事物于先前未曾存在于感性中（nihil est in intellectu quod non prius fuerit in sensu, Thomas S. c. g. I c. 3; S. Th. I q. 84 a. 7），它可以追溯到亚里士多德，断言了一切精神性认识对于经验的依赖性，而库萨承认这一点（参较De mente II S. 52, 20 Bauer: 没有未曾存在于感性中的东西存在于知性中；参较De coni. II, 16 fol. 62^v Paris 1514）。关于库萨那里感性（sensatio）、知性（ratio）与理智（intellectus）诸种认识能力的次第，参较Doct. ign. III. 6; Apol. S. 14. 24 ff.; De coni. I. 10 fol. 45^r; 12 fol. 64^v; II. 14—16 fol. 59^v—63^r Paris。

[3]关于色彩之本质的理解，参较De dat. Patr. Lum. II fol. 194^r："也就是说，光乃是某种普遍的形式——自然是属于每一种色彩的……"另参较阿尔伯特：De caus. et proc. univ. lib. II tr. 1 c. 21 Bd. 10, 469 a Borgnet："太阳光是色彩的本质（hypostasis）"。参较库萨：De docta. ign. III c. 9 S. 146. 15；普罗克洛斯：Theol. Plat. IV, 12 S. 199, 7 Portus。在亚里士多德

主义的理解中，色彩是某种独立于光以外的东西，它通过空间间隔的照明而变得现实可见（De an. B 7 418 a 29–b6）。关于古代的色彩理论，参较 I. I. Beare, Greek theories of elementary cognition from Alkmaion to Aristotle. Oxford 1906 S. 21–22. 30 bis 37. 40. 42. 48–56. 59–77。库萨在此跟随了亚里士多德的理解，参较 De sensu 439b11。

[4] 对于这条柏拉图主义-亚里士多德主义的公理而言，光的例子乃是一再出现的形象。光使得色彩变得现实可见，如亚里士多德所教诲地那样；或者说它是色彩的真实本质，只不过是着色的光而已，如库萨所说的那样。没有光就没有色彩，但同样也没有可见性。它因而是存在于认识的本原。以类似的方式，天主的精神之光也是理智之物的存在与认识本原。在《眼镜》（Beryll）中，库萨将光的形象算作诸映像之一，哲学家与神学家们试图由此而使得天主的本质变得直观可见（S. 21, 25 ff.）。柏拉图被称作这一形象的创始人，而库萨便是取法于他。

[5] 当天主在此被描述为万有的存在根据时，由此所涉及到的不光是创造的因果性。"不异"这一概念并不适用于动力因的表达，而是意谓着某种更深层的关系——正如其逻辑推导所显示的那样，它大略符合亚里士多德主义所谓的形式因。然而，我们在此必须同样将库萨置于中世纪的新柏拉图主义传统中。

对柏拉图而言，经验世界的诸对象经由对诸理型的分有而具有其如此这般的存在。在他对以思想把握世界构成的追寻中，新柏拉图主义形成了这样的观念：感性世界的诸对象是经由逐级的流溢而自终极本原中产生的。然而，并非某种建基于斯多亚主义基本思想之上的思潮——在它看来，整个世界于某种实体-泛神论的意义上由终极本原产生，并同时被包括于其中——对其产生了最重大的影响。新柏拉图主义在此的看法虽然同样与流溢的概念相关，但却并未将其理解为较低者从较高者中的实体性产生，而是使得较高者中仅仅辐射出统御一切、塑造一切的力量。这种由较高者向最低者动态流溢的形式一方面允许将形体世界把握为自终极本原中产生并包蕴于其中的东西，但在另一方面却无比尖锐地突出了原初在首者的超越性。这一态度几乎原封不动地为基督教思想家们所继承。

此种动态流溢一再得到重复的形象便是太阳。正如太阳以其光亮照明万有、产生生命，但其实体却并不减损，也不亲自进入到万物之中那样，终

第三章 论"不异"为存在与认识之大原

极本原也是如此这般地照彻与塑形了万有，并赋予它们存在的。它是由普罗丁所初创的，他明确地转而反对某种实体性的流溢（Enn. 5. 1, 3），并且强调，本原并不会因流溢而减损，而是保持于它的持存之内而不被触及。与此相反，为本原所派生的东西依赖于它，将自己如其所是的存在归功于它，并在这种意义上内在于本原（Enn. 6, 9, 5; 1, 7, 1; 5, 5, 9; 关于太阳的形象，参较Enn. 5, 1, 6; 1, 1, 8; 6, 7, 5; 4, 3, 17）。普罗克洛斯于《〈巴门尼德篇〉注释》与《柏拉图神学》中进一步发展了此种学说（In Parm. S. 1044, 4–12 Cousin[2]; In Plat. Theol. II c. 4 S. 98; VI c. 12 S. 380 Portus）。

这一观点之进入中世纪的知识范围，首先是经由阿拉伯哲学而实现的：阿维斯布隆（Avencebrol）将力量的向外辐射完全在光照的形象之中加以安排与说明（《生命之源》: Fons vitae III 52 S. 196, 5 ff. Baeumker）。他由此得出结论说，一切事物的诸形式都包藏于原初精神的形式中，并由之而获取其存在。多米尼库斯·贡迪萨勒维（Dominicus Gundisalvi）也以相差仿佛的语调做出了判断，认为存在于质料中的形式完成并照看着事物的本质（De unitate S. 5, 12–14 Correns）。还有法勒克拉（Falqera），我们在《生命之源》中拥有一段他的文献摘录。他告诉我们（根据Steinschneider, Alfarabi S. 183），在阿拉伯人中间曾有一篇署名柏拉图，题为《光之给予者》的著作颇为知名。阿尔伯特的陈述可能就是由此而来的，他声称柏拉图将天主称作"诸形式的给予者"（De caus. et proc. univers. I tr. 4 c. 1 Bd. 10, 411 a Borgnet）。这种对天主的描述很好地适用于我们此处所涉及的关联中，夏特尔的梯利（Thierry von Chartres）完全是与之一贯地将天主称作万物的存在形式（divinitas singulis rebus forma essendi est. De sex dierum operibus ed. Hauréau S. 63）。此外，当梯利注意到，自己的表述并非意指某种建构着万物的本质而又入于其中的形式因时，他明确地拒绝了泛神论的怀疑，并以数的产生这一类比替代了光的类比：数的创造即是创造（同一位置，S. 64），而且更加精确地在对波爱修《论三位一体》（De trinitate）的注释中对自己的理解进行了解释（W. Jansen S. 16*）："一切形式都是一个形式，它乃是无差别的；由此显然，一切形式都出于单纯性而是一个形式……"

然而，即便是完全掌握了新柏拉图主义动态的光照形而上学的波纳文图拉，也避免使用这些听上去带有泛神论色彩的表述。不过当他将万物的阶层次第追溯到对于光的更多或更少的分有，并将天主也纳入这一秩序中时，他距离这种动态流溢的理解实际上非常之近:"天主在最合适的意义上是光,而谁越是接近祂,谁便拥有更多的光"(II Sent. d. 13 a. 1 q. 1 obj. 3 Bd. II S. 311b)。

全然是在这种动态流溢的意义上,库萨接续了伪狄奥尼修斯的传统,将天主描绘为诸形式之形式(forma formarum)或诸本质之本质(essentia essentiarum),而当他在此将天主描述为万有的存在根据时,同样符合这一理解。这意味着,一切受造的形式都于创造性形式的力量中具有其存在的条件,它们仅仅在创造性形式决定它们存在的意义上才存在。假若没有光,便不存在可见之物与观看;倘若没有声音,便不存在任何确定的个别的音响,因而也就不存在可闻之物;倘若没有诸对象的不异性,那么就根本不会存在任何对象,也就是说,倘若没有一个建构出对象性的本原规定每个对象都必须与其自身同一,或者说与其自身不异地存在,那么就根本不存在任何对象。《论有学识的无知》中已然如是表述道:"因为天主是万物的实体;祂乃是本质的形式,因此也就是实体"(I c. 8 p. 17, 7-8)。而在《论存在之潜能》中,库萨也在相同意义的意义上说道:在我们的文本写下"我是我所是的"(出3:14:"我是自有者")的地方,希腊文本所写的是:"我是存在"。也就是说,祂乃是存在的形式或每一种可形成的形式之形式(S. 11 Bohnenstädt)。参较 Predigt 213 n. 17; Sitz.-Ber. Heid. Ak. 1937 S. 100 Koch。

[6]"元始、中心与终末"这一称谓是在布道文《成圣日》(Dies sanctif. 1439 S. 16, 7-9)中确立的:"因为天主乃是永恒的本原,所以祂先于万有;因为祂是中心,所以万有在祂之中;因为祂是终末,所以万有归向祂。"这一段落可以追溯到普罗克洛斯(In Parm. S. 1115, 27 Cousin):"对于其它事物而言,在首者乃是元始、中心与终末,但它就其自身而言则不分裂为元始、中心与终末。它乃是万有的元始,因为万有是由它而来的;它乃是终末,因为万有都是朝向它而被安排的。一切追求与一切自然欲望都以'一',以唯一的善为目标。它乃是中心,因为一切存在之物的中心点都必须于它之中被设立,倘若它们要拥有理智或知性的天赋,倘若它们要拥有灵魂或是仅仅成为可感的。"参较 In Plat. theol. II c.4 S. 96 Portus。于普罗克洛斯之后,这一段落经常在新柏拉图主义传统中重复出现。参较 Ps.-Dionysius De div. nom. IV, 7 PG 3, 704 A; V, 10 PG 3, 825 B; Johan. Scottus De div. nat. I c. 11 PL 122, 451 D; 452 A:"(天主)因而是元始、中心与终末;

祂是元始，因为分有本质的万物由祂而生；祂是中心，因为万物在祂之中并经由祂持存而受动；祂是终末，因为它们是向着祂而受动的……"库萨也是用元始－中心－终末这一三重称谓，藉以展现天主的三重原因性："我将天主赞颂为万有的动力因、形式因与目的因"（De ven. sap. c. 7）。

[7] 当我们看到某个对象时，我们并不会关注到，视觉感知是经由照亮了对象并由此而使之成为可见的光，才成为可能的。我们的注意力放在对象上，比方说放在红的色彩上，但却不会对观看的本原有所关注。然而，离开了光的共同作用，色彩就不再是可见的了。以全然相同的方式，天主乃是一切形式的原形式，乃是一切事物如此这般的存在的前提。倘若诸对象不从天主那里获取其形式的话，它们也就不复存在了。祂因而是万有的存在本原与认识本原。然而，我们却能够在不关注这个与第一形式之基本关系的条件下研究诸对象。因此，虽然我们的认识是经由终极本原对诸本质的形塑作用才可能的，但我们却不必在每一种认识活动中都对其有所意识。作为万物之如此存在的本原，"不异"无处不被预设，并首先在每一种被认识的如此这般的存在那里成为了元始、中心与终末。

[8] 鲍尔（Baur）在这段引文中看出了对罗马法学家保禄的援引，但毋庸置疑，库萨在此所意指的乃是宗徒保禄在亚略巴古的讲道："如他们寻求天主，或者可以摸索而找到他；其实，他离我们每人并不远"（宗17:27）。库萨以这段引文引入了一种对前面所阐述之思想的必要补充。他于彼处说道，本原是如此普遍地在一切地方都被预设，却不在个别的认识行为中被关注到。然而，每一种自在的认识努力都朝向本原，因为按照亚里士多德的一个论断，我们相信当自己揭示了本原时，也就随之认识了每个东西（Phys. A 1 184 a 12）。既然现在第一本原，也就是天主，并不能于其自在存在中被把握，我们便至少能于其效能中觉察祂的踪迹。参较普罗克洛斯：In Plat. theol. II c. 4 p. 95 Portus："经由那由之而产生并向其归返的生育作用，我们抵达对那在首的不可认识者之认识"；伪狄奥尼修斯：De div. nom. II, 7 PG 3, 645 A。这是某种古老的思想："其实，自天主创世以来，他那看不见的美善，即他永远的大能和他为神的本性，都可凭他所造的万物，辨认洞察出来，以致人无可推诿"（罗1:20）。受造的万物将我们引向造物者。光再次起到了类比的作用。眼睛无法直视太阳，因为过强的光线是致盲的（Philo De ebriet. 11, 44 Bd. II, 178, 22–26 C.-W.; Quod Deus sit immtab. 17, 78 Bd.

II, 73, 22—74, 14 C.-W.)。我们已然可以在阿维斯布隆那里见到这一类比了(Fons vitae III, 16 p. 112, 25 Baeumker)。

[9]人类的双眼不能直视太阳,他便尝试以雾气将眼睛遮挡起来。库萨在写给卡斯帕尔·艾因多夫尔(Kaspar Aindorfer)——特格尔恩湖的修道院院长的书信中如是描述这件事实(Epist. 5 S. 114)。然而,这一学说具有某种更深层的形而上学背景:就其自身而言,光的本性乃是精神,而当它反照于某个坚硬形体的表面时才能作为色彩而被看到(参较本章德译注[3])。参较阿维斯布隆屡次重复的观点(Fons vitae II 35 S. 159, 20—160, 4 Baeumker):"光于其自身之内乃是精神性的与微妙的,其本质因而无法为人所见。它是其自身的形式……"人们之所以不能看见这种纯粹的光,是因为它的纯度太高了,这只能由其精神性而得到解释;参较阿维斯布隆:Fons vitae III, 16 S. 112, 25 Baeumker。

第四章　论"不异"先于超越属性

费迪南德：您对我们提出了忠告，要我们停留在"不异"这里。鉴于您做出了如此重大的许诺，我便也丝毫不急于离开这个议题。那么请告诉我：您藉着"不异"所理解的乃是什么东西呢？

库萨：我所理解的，无法经由差异者而得到另外的表达；因为所有后于它的东西都会成为另一种阐述，而确定无疑地更少符合于它。既然那心灵试图经由它而照见的东西，先于或是能被言说，或是能被认识的一切，那么它还能以何种方式得到另外的表达呢？所有神学家们都已看到，天主要大于一切可被把握的东西[1]，因此他们将之断言为"超实体的"（supersubstantialem）①、"超越一切名称的"② 与类似的什么，而

---

① 亚略巴古的狄奥尼修斯：《论圣名》（De div. nom.），I 1（PG 3 588A）；I 2. 6; V 2; MTh III（PG 3 1033A）。中译者按：supersubstantialem 一词，或译"超本质的"。
② 亚略巴古的狄奥尼修斯：《论圣名》，I 5（PG 3 593A）；I 7（PG 3 596D）；MTh V（PG 3 1045D–1047B）; cf. Phil. 2,9。

当他们使用"超越"（super）、"离开"（sine）、"非"（in）、"不"（non）或"先于"（ante）等语词时，并未向我们表明天主之中的某个差异者；因为这些说法并无不同：它乃是超越实体的实体、离开实体的实体、非实体的实体、不是实体的实体，抑或先于实体的实体。无论你怎样去说，因为你所说出的都不异于那同一个东西，所以显而易见，"不异"乃是更单纯且更在先的，而不能藉由任何差异者而得以陈述或表达[2]。

费迪南德：您想要说，"不异"乃是肯定，或是否定，或是某种属于这一类的东西么？

库萨：绝不，毋宁说是先于所有这一类的东西；它乃是那个我曾经年累月地以"对立面的重合"（oppositorum coincidentiam）[3]这一概念所穷究的东西，就如同许多我关于这一思辨所撰写的书籍所显示的那样。

费迪南德："不异"设定某物，或是取消某物么？

库萨：它先于一切设定与取消。[4]

费迪南德：因此它既不是实体，也不是存在者，亦非"一"（unum），亦非某种别的东西[5]。

库萨：我便是这么看的。

费迪南德：由此，它便不唯非有（non-ens），亦且非无（nec nihil）[6]？

库萨：我亦作如是观。

费迪南德：我尽我所能地跟上您，教士。在我看来确凿无疑的是，"不异"无法以肯定、否定或任何其它方式被理解，但却以不可思议的方式接近了永恒者本身？

第四章 论"不异"先于超越属性

库萨：稳定（stabile）[7]、坚固与永恒之物仿佛在"不异"那里占了很大的比重，因为"不异"无法接受差异性或变化；然而，因为永恒者不异于永恒者，所以它根本就是某种相异于"不异"的东西；因此我将其明白无误地认作先于永恒者、先于时间并超越于一切把握之上的东西[8]。

费迪南德：每位与您持有相同认识的人都必定要这么说，一旦他转而关注那先于一切可被道出之物的东西。然而，我却对此感到惊奇："一"、存在者、真理与善是如何能够后于它而存在的呢[9]？

库萨：虽然当人们惯于将万有要么称作"一"①、要么称作

---

① 中译者按：unum一词的本义即"一"或"统一性"，它在亚里士多德哲学中被视作存在的首要特质，并由此与存在本身相等同；经院哲学大体上沿袭了亚氏的思路，将"一"视作某种存在者之自身同一性的原则，进而由其中区分出内在的"自身内的不可分性"（indivisum in se）与外在的"与某个他者相分离"（divisum a quolibet alio）两层意涵；经院哲学由此将"一"与"存在者"（ens）、"真理"（verum）、"善"（bonum）等基本概念一归为所谓的"超越属性"（Transzendentalien），亦即普遍适用于存在者的一般属性。在普罗丁、普罗克洛斯等新柏拉图主义者那里，情况则完全不同，"一"作为存在自身的本原而被抬高到"超存在"、"超实体"或"超本质"的位置上，汉语学界在这一语境中往往将之合宜地译作"太一"。在本书中，译者选择"一"而不选择"太一"作为unum的译名，主要是因为库萨对"一"的探讨主要仍基于经院式的超越属性语境，将之与其它普遍适用于一切存在者，但却不可用于绝对者的名相（如："差异性"、"真"、"善"等，参见本章德译注[5]）做了平行处理，并由此认为，在新柏拉图主义诠释下的《巴门尼德篇》等语境中，将"太一"等同于绝对者的论说方式虽然可在绝对者"不异于'一'"的意义上被接受（正如绝对者不异于实体，故能被称作实体；不异于存在者，故能被称作存在者那样，见本书第二十章），但却并非"不异"所揭示的究竟义。就此而言，他也继承了伪狄奥尼修斯于《论圣名》第二章中对

差异者时,"一"仿佛显得与"不异"极为接近,以至于它好像便作为"不异"而显现了;然而,由其自身而言,"一"则是某种与"不异"相异的东西,因为它不异于"一"。因此,"不异"较之"一"更为单纯,因为后者是从这"不异"之处才获得其作为"一"的存在的——而不是相反。诚然,某些神学家们曾将"一"接受为"不异",将其视作某种先于对立而存在的东西,就像人们在柏拉图的《巴门尼德篇》与亚略巴古的狄奥尼修斯那里读到的那样[10]。尽管如此,因为"一"乃是与非一相异的东西,它便无法导向万有的最初本原;这一本原既不能与差异者有所差异,亦不能与无有所差异——如你于后面将见到的那样,它不处于任何事物的对立面。

以同样的方式来思考一下存在者吧;因为尽管人们能于其中清晰地观看到"不异"之辉映——由于它于所有存在的事物之中似乎都绝不成为与某物相异的差异者,但"不异"却依然超越于它之上。同样的情形也存在于真理与善那里,前者以类似的方式不为任何存在者所否定,而任何不分有后者的东西都

以"一"称谓天主这一做法的批判性反思(尽管在后者那里当然也不乏以某种超越于作为事物内部统一性的"一"之"太一"——德译注中以"Eine"与"Ureine"对这两个层次上的"一"进行区分——称谓绝对者的段落):"它既非'一',亦不分有'一',并远远超出那诸多关于那存在于实体中的'一'之概念"(见本书第十四、十七章)。按照库萨的看法,一方面,"一"与"多"处于概念上的对立中(反之,"不异"则并不与差异者处于这种对立内,它"不异于"差异者);另一方面,"一"不异于其自身,从而同样为"不异"所规定,而不能规定其自身。由此,库萨实际上已经排除了将"太一"视作绝对者最适宜之称谓的合法性,从而在某种程度上"溢出"了他所由以汲取思想资源的新柏拉图主义传统。

第四章 论"不异"先于超越属性

不能被觅见。因此,所有这些都作为天主的昭彰之名讳而被接受,尽管它们未曾触及到所谓精确性。尽管如此,却不能在真正的意义上声称,它们乃是后于"不异"而存在的;假使它们后于"不异",那它们中的每一个又要如何方能不异于它自身所是的那个东西呢?由此,"不异"仿佛是先于这个或那个并非在它之后,而是经由它才存在的东西。职是之故,对于那为"不异"所先行的东西——倘若它们后于它的话——与这件事之所以可能的方式,你不无道理地感到了惊奇。

费迪南德:倘若我无误地把握了您所说的,那么"不异"就是以此种方式而被视作先于万有的:没有后于它产生的东西可以缺乏它,甚至是当它们处于彼此之对立面的时候[11]。

库萨:我以为,这无论如何都是正确的。

注释

[1] 柏拉图本人即为神性指派了某个高于存在的位阶(ἐπέκεινα τῆς οὐσίς, Respubl. VI 509 C)。中期柏拉图主义与新柏拉图主义承续了这一传统,致力于对神的超越性在更大程度上加以强调(参较普鲁塔克:Plutarch Ad princ. inerud. c. 5)。如柏拉图并未将"善"的理型与神相等同那样,阿尔比诺斯(Albinos)与努美尼欧斯(Numenios)已然类似地将"高于天之上的神"抬高到了美德之上(Didaskalikos 181, 36 f. Hermann; 参较普罗丁:Plotin Enn. 1, 2, 1. 关于神的 ὑπεροχή, 参较 Didaskal. 164, 18; 165, 29; 180, 3, 以及辛普利丘《论天》注释结尾处的赞美诗:Simplikios De caelo 731, 29 Heiberg)。斐洛也处于这一发展脉络当中,他不仅将神抬高到人类知识与美德之上,并且还令祂处于善与美的理型之上(De opif. mundi I, 2)。甚至是斯多亚主义者塞内卡(Seneca),他虽然将存在的最高范畴置于神性

之上,但却也对其超越性加以强调:"神比万有更大,在万有之先"(Epist. 58,17);参较西塞罗:De nat. deorum II, 16:"比人更善"(这篇著作为库萨所知)。普罗丁将"一"与"善"相等同,以柏拉图的话语强调其高于存在之上的超越性(Enn. 5, 4, 1),而普罗克洛斯甚至将神提升到统一性与善之上,正如其高于存在那样(In Plat. theol. 3, 7 S, 132 Portus; 2, 4 S. 106 Portus;参较 Jamlich bei Prokl. In Tim. I 308, 21 D)。随后,与此相一贯地,奥古斯丁将天主表述为可思的最善之物(aliquid quo nihil melius sit atque sublimius De doctr. Christ. I, 7 PL 34, 22; De lib. arb. 2, 6 n. 14 PL 32, 1248; Confess. 7, 4 PL 32, 735),而当坎特伯雷的安瑟伦以某种可思的最完满的本质为其著名的存在论天主证明奠基时,他不过是对当时的普遍信念进行了总结(Id quo maius cogitari nequit. Proslog. c. 2 PL 158, 277–8)。在这一论证的许多挑战者与辩护者之中,无人严肃地对此出发点展开攻击(参较 Gaunilo, Liber pro insipiente ed. A. Daniels, Quellenbeitr. Und Unters. Zur Gesch. Der Gottesbeweise im 13. Jahrh. In Beiträge zur Gesch. d. Phil. des Mittelalters VIII, 1–2; S. 10; Thomas von Aquin S. c. g. I c. 10; S. Th. I q. 2 a. 1 ad 2)。因此,库萨能够正确地谈道:"所有神学家都于天主中看到了某种超越于一切把握之上的伟大者"(参较《论本原》,S. 57 Feigl)。

在《论有学识的无知》中,库萨说道,从未有过不信天主并将祂作为至大而加以尊崇的人民(I c. 2 S. 7, 12; c. 7 S. 14, 24)。库萨自己并未致力于某种天主存在的证明。他在唯一一处试图找到某种天主存在之证据的地方(Doct. ign. I c. 6),是由他将其定义为可思之至大的极大(Maximum)概念出发的(Maximum autem hoc dico, quo nihil maius esse potest. Doct. ign. 1 c. 2 S. 7, 4)。这将一切更小者的前提包括在内。在第200篇布道文(1455年9月29日)中,他甚至将此思想扩大到了这样的程度:就连对天主的否定也预设了祂的实存。另参较 De coniecturis I c. 7。下面对天主的这些称谓如"超实体的"(ὑπερούσιος)、"超越一切名称的"(ὑπερώνυμος)等等,来自深深植根于新柏拉图主义传统中的伪狄奥尼修斯(De div. nom. I, 5, 7 PG 3, 593 AB; 596 D)。

[2]库萨认为,天主那不可称名的本质可以"不异"这一概念最佳地阐述出来。拉丁文本中的"ineloquibile"一词是盎博罗削用来对译希腊语中"ἄφθεγχτον"一词的,而他以"ineffabile"来对译"ἄρρητον"一词(皆

可译作"不可称说"、"不可言表"等等）。参较 De div. nom. II, 10（PG 3, 648 C Dionysiaca 108[4]; VI, 3 PG 3, 857 B Dionysiaca 397[3]; VIII c. 2 PG 3, 892 Dionysiaca 419[4]; Myst. Theol. III PG 3, 1033 C Dionysiaca 591[2]）。

[3]一切动变与发生都是由某种规定性向另一种的过渡。它作为过程而实现于对象之间：由冷的东西生出暖的东西，由湿的东西生出干的东西，由亮的东西生出暗的东西，如此等等。这种在赫拉克利特那里便已然得到了表述的认识构成了亚里士多德关于动变之理论的支点之一。然而，存在者也必须拥有诸般对象性的规定性；其形式上的多样性唯有经由差异性才能获得，而离开对象性的差异性则是不可设想的。就像赫拉克利特将对立认作万物之父那样，毕达哥拉斯主义者们将一切存在者追溯到十个对立的二元组上，而它们说到底则是受限－不受限这一对立的产物。对立充斥于现象世界之中；没有前者的话，我们便无法对后者进行思考。

然而，人类思想对于统一性的要求是如此之强，以至于它无法满足于这样一种论断。虽然在对于世界的解释中一再出现各种二元论的体系，一元论体系却总能在真理方面占据优势：无论如何，它至少满足了对于因果性的需求。伊奥尼亚学派的自然哲学家们所设想的本原乃是无差异的统一性，而对立面则自其中展开自身；而恩培多克勒的"无限者"则是隐藏着诸般质性区分的质的混合。本原虽然不是对立面的统一，但却是对立面的根源，它于其统一性中包含了其展开的可能。爱利亚派学人将存在与非存在尖锐地对立了起来，而柏拉图则力图以此解决非存在的问题：将非存在解释为存在之中的某种差异性存在，并由此将差异性视作每个存在者的元素；因为每个对象都是"某一个"，它是如此这般而非与此相异的对象，与另一个对象之间有所区别，并且是相对于那个对象而言的"另一个"。因为对象正是"这一个"，它便已然不是"那一个"了。"某一个"与"另一个"之间的对立表现为一切对象中不可或缺的元素。

然而，当柏拉图于所有对立中指出了这一对立，并将之展现为规定着世界的终极实在时，他同时又将"一"的本原置于一切对立之上，使之成为了一切现实之物在形式上的构成元素。此种"一"的位置在某种新毕达哥拉斯主义思潮中受到了更强烈的重视；据此，"不定的二"的质料性本原乃是由"一"的形式性本原展开自身的。新柏拉图主义在同一方向上走得更远，它相信一切对立都从"太一"之中产生。普罗丁就已经将"一"规定为活动的潜能,并使得运动与静止(Enn. VI, 6, 3)、相似与不相似(Enn. III, 7, 13; 普罗克洛斯: In Parm. 930, 23: ὁμοῦ χαὶ ἕν χαὶ πληθος. 959, 17)都于其中得以统一。它以隐秘的形式将活动与潜能统一于自身之内(Proklos: In Parm. 1010, 35; Instit. theol. prop. 86; Theol. Plat. 1246, 35; Ps-Aristot. Theol. 40, 15 Dieterici)。在这一传统的意义上,伪狄奥尼修斯如此谈论天主:"万有的设定,万有的取消,并超越一切设定与取消"(De div. nom. II, 4 PG 3, 641 A; 参较 Jamblich, De Myst. ed. G. Parthey, Berlin 1857 1, 3 S. 7 f. 10)。

因而,当新柏拉图主义传统使得天主高于诸对立时,库萨在拉蒙·柳利那里找到了这样一种学说:每种对象性的实存都于自身之中包括了对象性与限定性,亦即包括了存在与非存在;而唯有那作为纯粹现实性的天主才是既无对象性,亦无限定性的(Ars generalis 参较 cod. Cus. 83 fol. 303; cod. Cus. 85 fol. 55)。当库萨在《论有学识的无知》中教导说,天主乃是对立面的重合时(Coincidentia oppositorum, Docta ign. I c. 4; 22),他无论如何都处于这一新柏拉图主义思想的脉络中。尤宾格力排众议,正确地清理出了他对此给出的论证(Die Gotteslehre des Nikolaus von Cues. Münster 1888 S. 18)。库萨称,天主乃是至大与至小,这就是祂乃是万有的原因。除祂之外,不可能存在更大的东西,也不可能存在更小的东西。故此,对立面之重合的学说乃是另一重论断的结果:天主既是万有,又非万有中的任何东西。

因此,严格遵循矛盾律的知性无法抵达某种与天主相称的概念,而无论肯定神学还是否定神学均有其自身的界限。天主的密契观照高居于它们之上,它转而朝向诸对立的单纯根源,并追求于其统一的根据之内观照所有多样性的区分。在这一点上,库萨的基本态度没有出现过什么变化,随着时间的推移而有所改变的仅仅是表达方式。在《论有学识的无知》中,人们被要求熄灭一切感性与知性的思想方法,藉此而抵达对立面的重合(I c 10, S. 163, 14; 另参较 De ign. litt. S. 21/22; Apol. S. 6, 7)。《眼镜》的写作完全出于将人们引入这一学说的目的(c. 21):"能够稳定地使自身处于与对立面的重合中,这一点至关重要。"

关于矛盾律,库萨做了如下的说明:这一原则乃是知性论争的第一原则,但绝非理智观照的原则(Apol. S. 28, 15 bis 17; 14, 12–15, 12)。1453年8月9日,库萨获得了大阿尔伯特对伪狄奥尼修斯的评注。于其边注之中,库萨批评阿尔伯特试图回避天主中对立面的统一性,认为他对文本的阐释似

第四章 论"不异"先于超越属性

乎是不充分的（fol. 105; fol. 226 Baur Cusanustexte III Marginalien Nr. 268; 589; 604; 608）。库萨在一条边注中写道："唯有天主超越于对立面的重合之上"——这一思想如今得到了更为清晰的表达。这个表述曾在1440年的《推测》（De coniecturis）中被选用（II c. 1 fol. 51^r; I c. 7–10 fol. 43^v–45^v）"超越一切复写与说明"（super omnem complicationem et explicationem）（参较 Predigt Dies sanct. S. 12, 12–14："天主因而超越一切对立与矛盾，祂必然经由矛盾中的某一面而显得存在"；《论智慧》S. 70："天主……既不是绝对的存在，也不是不存在，也非同时是这两者，而是超越于二者之上"。另见 Von d, Kindsch. Gottes S. 98; Vom Könnensein S. 46）。当肯定与否定神学承认天主或否认天主具有某些个别的规定性时，一种密契的观照必须将其把握为所有这些特殊化的统一根据，并将天主隐约地觉察为超越所有这些区分的统一本质（参较 Ep. V S. 114）。

[4] 参较伪狄奥尼修斯的《神秘神学》（V，PG 3, 1048 B），库萨所引证的译文作者盎博罗削将之翻译为：Ipsam neque ponimus neque auferimus（我们既不设定它，也不取消它）（Dionysiaca I 1937 S. 601^2; Myst. Theol. I, 2 PG 3, 1000 B; Dionysiaca 572^1：超越一切取消与设定。参较 Docta ign. I c. 16 S. 31, 7ff.）。

[5] 费迪南德，这位亚里士多德-托马斯主义学派传统的追随者，现在试图以此方式来澄清"不异"的概念：他将之与自己学派中的某个最高概念等量齐观。他以矛盾原则为其开端。一条绝对确定且普遍适用的规则是：没有东西能够既存在又不存在。然而他被库萨教导说，"不异"超越于存在与不存在的对立之上。由此，亚里士多德主义术语的结构已然被打破了。但费迪南德却无法即刻脱离他习以为常的思想轨道，于是便做了进一步的尝试，试图将"不异"安放于某种超越性概念的序列中。

亚里士多德-托马斯传统认为，这些最高的概念包括存在者（ens）、差异性（aliquid，字面意思即"某物"）、物（res）、"一"（unum）、真（verum）、善（美）（bonum, pulchrum）。它们并非最高的类属概念，而是每个存在者的最普遍之关系。关于超越属性的反转（Conversio der Transzendentalien），亦即关于其范围之等同性的学说表达出了它们之间的联结。每个要被称作存在者的对象，同时也是"一个"、善的、真的等等。这一关于超越属性的学说植根于柏拉图主义哲学中。在对话录中已然可以见到关于存在者、"一"、善、美与真之同一性的学说（Symp. 212 A; Phaidr. 246 C; Phileb. 65 A），而新柏拉图主义者们对这一学说进行了更新（参较 Proklos In Parm. 951, 12）。亚里士多德主义也确立了这些概念的范围等同性，并致力于由其中突显出它们彼此间内容的差异（参较 Arist. Met. Γ 2 1004 b 15 ff.; Thomas De ver. q. 1 a. 1; q. 21 a. 3; Albert Comm. In De div. nom. cod. Cus. 86 fol. 106rb; 177vb）。

库萨从费迪南德那里获得了机会，得以对其学说相比于传统理解的新颖性与优越性进行说明。他由此而确定，"不异"在超越于肯定与否定的同时，也超越了诸般超越属性。非常类似地，库萨于1459年已然在论著《论本原》中写道，"一"既非存在亦非不存在，既非持存亦非独立自存，既非独立自存亦非经由其自身而独立自存；既非本原亦非"一"（n. 19 Feigl）；甚至"一"的名谓也并非真正适用于它（n. 26 Feigl,《论本原》）。通过关于天主高于一切概念与存在-非存在之对立的超越性（参较本章德译注［1］）之学说，库萨追随了新柏拉图主义传统，特别是伪狄奥尼修斯；参较《神秘神学》第五章，此章中的所有否定都可以在那里被找见。

［6］参较伪狄奥尼修斯的《神秘神学》第五章与库萨的《论本原》（De princ. n. 19 fol. 8^v）："因而当你注意到这一点时，一切可名者的本原便是不可名的了……你便会看到，对立者要从它那里被否定掉，以至于它既非存在，亦非不存在，亦非存在且不存在，亦非存在或不存在；毋宁说，全部这些断言都无法触及它；它超越一切可名的万有"；n. 34 fol. 10^v："本原因而以同样的方式先于一切肯定的至大与至小；'非存在者'作为存在者之本原，如此先于存在者而被观照……"

［7］关于稳定者（stabile），参较波爱修（De con. phil. III m. 9 CSEL LXVII S. 63, 19）："保持稳定者使万有受动。"

［8］天主对时间与永恒的超越这一论题也来自伪狄奥尼修斯，尤其可以参较 De div. nom. X, 3 PG 3, 940 A Dionysiaca 494^2。

［9］费迪南德无法对这些说法的正确性置若罔闻——天主的超越性于其中得到了表达。然而，他所受的逻辑学训练拒绝牺牲掉对诸种超越概念包罗万象之力量的传统理解。因此，库萨现在对这些概念逐个展开了研究，并将其与"不异"进行比较。

［10］爱利亚派哲人已经将存在者把握为"一"，而柏拉图在他的晚期

第四章 论"不异"先于超越属性

哲学中将"一"（ἕν）阐明为形构万有的本原，它将"不定的二"（ἀόριστος δυάς）带向了有规定的形式中，并由此产生了诸对象。不过，亚里士多德同样强调"一"（ἕν）与"存在"（ὄν）之间邻近的亲缘性，甚至是同一性（Met. B 4 1001 b 6; Γ 2 1003 b 22; I 2 1054 a 13）。每个对象都是"某一个"；其存在就在于它是某一个东西。托马斯也教诲说：在何种程度上是"一"，便在何种程度上是存在者（Quodlib. IV a. 1; Quaest. de anima a. 11; S.c.g. IV c. 38）。波塞多尼奥斯（Poseidonios）由此将柏拉图主义的二元论形构为某种严格的一元论：形体应当是经由某个点的流动而产生的。与此一贯地，在新毕达哥拉斯主义的某种一元论思潮中，"不定的二"这一质料本原乃是由"一"之中导出的（参较亚历山大·波里希斯托（Alexander Polyhistor）：万有的本原乃是"一"；由"一"产生了不定的二，它作为质料而为原因性的"一"之基础。Diog. Laert. 8, 25）。与这种在中期新柏拉图主义中已然清晰可辨、并在新柏拉图主义那里达到了高峰的趋势——越来越明显地对神的超越性加以突出——相联系，"一"也被抬高到了所有别的东西之上。对于亚历山大里亚的欧伊多罗斯（Eudoros aus Alex.）而言，这种"一"的最高位置已经可以从亚里士多德的《形而上学》（Met. p. 59, 1 f.）中推断出来，并在普罗丁那里完全成型；后者将"一"作为脱离所有复多的东西而抬高到一切规定性之上，而扬布利柯（Jamblich）则在这个"一"之前又设置了一种不可说的"一"（Proklos In Tim. I, 308, 21 D）。普罗克洛斯追随了他（Inst. Theol. 4, 6; In Theol. Plat. 2, 4 p. 96 Portus）。以相同的方式，伪狄奥尼修斯同样偏好将天主称作"一"（De div. nom. XIII, 2. 3）。正是这种统一性作为完满的桥梁而有益于对动态流溢的说明；万物乃是统一的，就此而言，它们分有了"一"。现在，库萨将这一角色赋予了"不异"；这就导致，他与将"一"置于序列顶端的做法之间展开了论战。我们在此发现了很少几处库萨转而反对为他所偏爱的权威们——柏拉图与伪狄奥尼修斯——的段落之一。实际上，他在这些段落中甚至转而反对他自己。他说道：既然"一"不异于"一"，那么"一"便与"不异"不同了；凭借这一说法，他所修正的并非他早先时候的观点，而是他早先时候的术语。

《论有学识的无知》中的天主概念即是"一"的概念。那里写道，没有任何东西与这种统一性相对立，包括差异性、复多与数量。"这是最高的名称，它于其统一性的单纯性中包罗万有，这一名称不可言说，并超越于一切把握之外"（Ⅰc. 24 S. 49, 11 ff.）。参较1446年的布道文第62篇（fol. 66^v Paris）。而《论本原》一书，即便与我们手中这篇四人谈间存在诸多共鸣，但仍然坚持了"一"的这种地位：它超越于对立面之外（De princ. n. 24 fol. 9^r；参较n. 26 fol. 9^v；n. 36 fol. 10^v；普罗克洛斯：In Parm. p. 1123, 26–1124, 28; p. 1076, 35; 1127, 20; 1203, 38 Cousin）。然而在此，"一"的肯定命名似乎就显得并不充分了，它不再被视作超越于对立之外的东西。"不异"代替了"一"而处于其原先的位置上，它接过了"一"那里天主之概念的角色，现在作为对于天主之于诸对立的超越性之合适表达而出现了。他现在所提出的，针对"一"之概念使用的批评，在早些时候是遭到明确拒绝的——就像前述的几处引文所表明的那样。库萨在早先时候将新柏拉图主义者们附在"太一"（Ureine）上的那种描述运用到了"一"上，而他现在则将这个"一"与新柏拉图主义中的"一"等同了起来，而以"不异"取代了后者那里超越的"太一"的概念。

对柏拉图《巴门尼德篇》的指引实际上指向的是普罗克洛斯的《〈巴门尼德篇〉注释》。按照库伊斯图书馆中的记录，枢机主教大人并未拥有过《巴门尼德篇》的翻译；看起来，他对于这篇对话录的知识仅仅来自于普罗克洛斯，而后者无疑是戴着有色眼镜来阅读《巴门尼德篇》的。库萨往往将普罗克洛斯的理解直接归给柏拉图（参较De beryllo c. 11 S. 12, 10）。在其普罗克洛斯译文手稿内的边注中（cod. Cus. 186），库萨就已然经常将普罗克洛斯的阐释作为柏拉图的观点而记录下来了（参较fol. 101^{r}ff.；104^v）。

[11] 一条重要的论断由此而得以达成了。"不异"并非以某种方式高居于其它概念之上的、更普遍的概念。毋宁说，它就是对象性的形式本身（参较第一章德译注[7]），因而也即是一切存在者的基本规定性。就此而言，它先于所有其它的概念，但又并不是在同一类属之中高于它们。这种关系于后文中得到了更为清晰的阐发；参较本书第十章。

第五章　论"不异"为圣三一

费迪南德：我请求您准肯我，教士，将以此方式被引到"不异"那里后所照见的东西形诸语词，以便您在感到我犯下错误时，能够由您的意愿而将我引回正途。

库萨：畅所欲言吧，费迪南德。

费迪南德：当我先于一切差异者而仅仅照见"不异"自身时，我如是看到，自己能够于它之内照见所有只能被看见的东西；因为在它之外，无论存在抑或认识都不可能，甚至那异于存在与认识的东西都无法避开它。设想某种外在于"不异"的存在或是理解，于我而言乃是不可能的事情；程度如此之甚，以至于当我尝试脱离"不异"而观看无与无知时，我只是徒劳无益地在尝试观看罢了。若不是经由"不异"而不异于无，这无要怎样才成其为无物可见呢？在无知与其它一切东西那里，情形亦复如是。一切万有之所以存在，都是由于，它们乃是"不异"；一切被认识的东西之所以被认识，都是由于，人们将其作为"不异"而认识；而一切能被认作真的东西之所以被认作真的，都是由于，人们将其认作了"不异"；最终，那作为差异者而显现的东西之所以被看成差异者,都是由于,它乃是作为"不异"而显现的。因此,由于移去"不异"之后无物还能保留或是被认识,那么万有自然是在它之中存在、被认识与被观看的了[1]。

因为"不异"乃是与万有最相称的本质规定性、限界(discretio)与尺度;存在的万有由此而存在,不存在的万有由此而不存在,能够存在的万有由此而能够存在,如其所是的万有由此而如其所是,运动的万有由此而运动,静止的万有由此而静止,有生命的万有由此而有生命,有智识的万有由此而有智识;一切万有,不外如是。我乃是于此中看到事情必然如此的:我看到"不异"规定了它自身,因此也规定了一切可以被称名的万有。

库萨:你正确地将目光投向了为"不异"所称谓的天主之内。由此,于这既非差异者、又非区别者的(diversa)本原、原因或本质规定性之中[2],你便观察到能为人类所见的一切,就你现在所被容许的而言。不过,所谓容许你看到的,也就是"不异"——亦即万有的本质规定性向你的理解或是心灵所揭示的,抑或显露为可见的。然而现在,因为"不异"规定自身,所以藉由这一中介,凭着"不异",天主将自身比以往更为清晰地揭示了出来。至于祂是以何种方式向我现出自身的,你可以在许多书籍中读到[3]。但现在,首先是因为祂规定自身的缘故[4],祂才于"不异"这个称谓的镜像中显现得更为丰富、更为清晰——如此之甚,以至于我能够企盼,天主将于某个时候不经由镜像而向我们开显自身。

费迪南德：虽然在先前所讲的东西里面，已然包罗了一切能为我们所见之物，可为了受到更强烈的勉励，我们仍要提及一定的怀疑，以便经由对此怀疑的驳斥，而使得这演练纯熟的观看更为易简地产生。

库萨：我赞成你如此行事。

费迪南德：这位渴念着知识的人首先问道，为何三位一体的天主为"不异"所称谓，纵使这"不异"先于一切数字？[5]

库萨：如前所论，万有仿佛是藉着某种唯一的本质规定性——也就是你所照见的那种——而存在的，因为那经由"不异"而被称谓的本原规定其自身。我们由此而观察它展开了的规定性：显然，"不异"是不异于"不异"的。倘若如你所见，这重复了三遍的东西即是在首者的规定性，那么它事实上便是即三而一的（unitrinum），而这仅只是因为，它规定其自身。假使它对自身无甚规定的话，那它也就不再是在首者了；而当它规定自身时，它便显示为三一的。因此，你看见这三重性由完满性中生出。然而，因为你于差异者之先看见它，你便既不可将之计数，也无法断言它是数字，因为此种三重性并不异于统一性，而这统一性也并不异于三重性，既然三重性与统一性皆不异于那经由"不异"而得称谓的单纯之本原的话[6]。

费迪南德：我看得十分明白：因为它规定自身，所以在首者之完满性的必然性提出了如是的要求：它先于差异者与数字而仍旧是即三而一的。这是由于，预设了在首者作为其前提的东西，对于它的完满性乃是无所助益的。然而，因为您在别处——尤其是在《论有学识的无知》那里——时常致力于，借助别的名相来以另一种方式阐明此种属神的丰富性[7]，那么假若您现下再补充上三言两语，那便足够了。

库萨：此种三重性的隐秘，唯有于信仰中经由天主的赠礼而被接收到[8]；虽然它远远超越并先于一切感官，但通过那种我们现在以之钻研天主的中介，比你在前面所听闻的而言，已然无法以另外的形式、也无从更准确地得以宣告了[9]。然而，那些将圣三一称作圣父、圣子与圣神的人虽然更少地接近实相，但却由于与经文的一致性而正确地使用了这些名谓。——而那些将三位一体称作统一、相等与联结的人则要靠得更近，倘若人们发现，圣书中的确引入了这些表达的话。它们乃是"不异"于其中清楚地反照出自身之表达；因为在统一性中——它表明自身的无差异性与他者的差异性，"不异"无疑会被认出[10]。由此，它也显现于相等之中，并由联结之内而被认出[11]。这些称谓甚或还要更加易简："此"（hoc）、"它"（id）与"同一个"（idem），它们更为明朗、更为精准地模仿了"不异"，但却更少地出现于使用中。因此，显而易见，在"不异"、"不异"与"不异"之中——即便这甚少为人所使用——这三位一体的本原才能被至为明了地加以揭示[12]，然而这却超越我们的一切把握与理解能力。当作为"不异"而被称谓的第一本原规定自身时，于来自"不异"的规定运动中便产生了"不异"，而规定便由"不异"与已产生的"不异"而被囊括于"不异"中。那静观它的人，将会较诸人们所能言说的而更为明晰地照见它。

注释

[1] 到目前为止的诸般考虑已经显示出，每个对象都必须是如此被规定的、与其自身相同一的对象，亦即某种"不异"的东西。由此证明，"不异"乃是一切万有能够存在或被思想的基本前提。倘若人们不将某个存在者无意识地思想为"不异"，那么就无法思想任何东西；而倘若没有"不异"，也就没有任何东西能够存在了。"不异"因而是已然被包括并预设于存在于认识之中的第一本原，正如光线之于视觉那样（参较第三章）。在我看来几乎确凿无疑的是，库萨关于"不异"的整个构想都受到了拉蒙·柳利的强烈影响。库伊斯图书馆中有不少于八部带有这位作者之作品的抄本（codd. Cus. 81–88），另外还有两部抄本包括了他的单个作品（codd. Cus. 37; 118）。有一些是库萨自己抄写的，另一些则带有出自他手的详细旁注，它们说明库萨曾对此进行过深入的研究。库萨与这位来自西班牙的原作者的初次相遇是1428年的事情，但库萨似乎在晚年又重新对此人进行了研究。《辩护》包含对他的清晰暗示，而对于《推测》这部著作的结构，也有研究者正确地指出了它所受拉蒙的影响（Vansteenberghe, Le cardinal... S. 419）。我们还将在《论"不异"》中找到其它的痕迹，并且或许不会出什么差错——当我们在柳利那里寻找对这一思想的启发时：在某种本原中发现整个对象领域的展开。柳利曾尝试以他的天才技艺从最普遍的原则导出整座知识的大厦，并相信存在的诸原则与认识的诸原则是同一的——显而易见，库萨是从柳利得到这一判断的。

费迪南德在此处给出的总结，表现出了这位亚里士多德主义者的彻底转变。这种转变发生的有点儿太快、太容易了。我想要从中提取出某种迹象：库萨虽然就整体而言熟悉亚里士多德主义的思想，但却并不完全清楚，自己的思想与亚里士多德主义的态度间所存在的根本差异。他本来几乎不可能如此轻而易举地使费迪南德的思想产生转变的。人们必须考虑如下的事实：中世纪的亚里士多德主义是在很大程度上与柏拉图主义相掺杂的，正如亚里士多德尽管与柏拉图间存在各种各样的对立，但最终却仍未背弃师门那样。另一方面，中世纪柏拉图主义中也持续地弥漫着亚里士多德主义的气息，这与古代的新柏拉图主义是一样的。

[2] 在《论有学识的无知》中，库萨对统一性的永恒性加以如下的证明：一切先于差异性（alteritas）的东西都是永恒的，因为差异性意味着复

多。然而现在,差异性是由"某一个"与"另一个"(alterum)组成的。由此,统一性便先于差异性,并且是它的基础。而倘若统一性先于差异性,那么它便是永恒的(Doct. ign. I c. 7 S. 15, 4–10)。波爱修通过一段算数证明(Inst. arithm. I c. 32; II c. 1 PL 63. 1110–1115),一切不等必须溯源到相等上。库萨在《论有限学识的无知》(I c. 7 S. 15, 11–19)中接过了这一思想。夏特尔的梯利再次捡起了波爱修的这一思想,并在与库萨完全相同的意义上贯彻了它(De sex. dier. oper. ed. Hauréau S. 63)。同样的理解也可以在梯利的效法者们那里找到,比如印苏里斯的阿拉努斯(Alanus ab Insulis)。

库萨感到普罗克洛斯进一步增强了自己的这种信念——我们由此可以直接证实普罗克洛斯的影响。对于《〈巴门尼德篇〉注释》的这一位置(I, 706, 27):"数量具有与其相应的统一性",枢机主教在手抄本边缘处便做出了评注。"每种数量都由存在的'一'产生"(708, 27)这段也不例外,他注道:"一产生多"。而我们可以在此处找到这种思想:天主那里没有差异性。这是作为对拉蒙·柳利的边注而给出的(cod. Cus. 85 fol. 55)。另参较 De coni. I. C. 11; Predigt Ubi est (1446), n. 17 Cusanus-Texte I, 2–5 S. 102 Koch:"统一性是'二'的元始与终末"。

[3]鲍尔指出了如下一些位置:Doct. ign. I c. 4 ff.; II c. 7; De gen. I fol. 69^v; De possest I fol. 175^r ff.; De ven. sap. I c. 1–4; c. 13; c. 14; De ap. theor. I p. 219 ff.。

[4]开头处所描述的对"不异"的逻辑性前置——它乃是规定着自身的规定——同时也给出了如此的原因:它可以成为最合适的天主之概念。一切受造物均从天主那里获得其本质,而天主便是其自身的规定。库萨在《论本原》中便已经说道:"逻各斯是圣言,或者说是天父的理型……它唯有通过对其自身的规定,才能在概念上被规定"(Üb. d. Ursprung n. 9 Feigl)。这里同样应当存在拉蒙·柳利的影响。

[5]在早期作品《论有学识的无知》中,库萨写道:"数后于'一'"(Docta ign. I c. 7 S. 15, 8)。"多预设了一"这一原理在经院哲学具有作为公理的有效性。一般看来,这一信念乃是属人的。我们到处相信,倘若能够将分离的诸领域由一个共同的根源而进行阐释,那么自己便能更加接近现象的根据。在作为一种崭新的真理领域的自然科学中,这一点也同样适用——当我们将彼此孤立的众多规则性理解为某个普遍法则的特例时。

第五章 论"不异"为圣三一

亚里士多德哲学熟谙这一原理：在每一个存在者的类属中，简单的事物都要先行于复合的事物，而一要先于多（De caelo B 4 286 b16-17; Metaph. Δ 2 1003 b 22-34; I 2 1053 b 25-28）。然而，在整个亚里士多德系统中，这一观点并不具有比它普遍于人类思想中所具有的更大之重要性。与此相反，它在古代与中世纪的新柏拉图主义与新毕达哥拉斯主义中则具有宇宙论本原的意义："一"与"多"之间的关系成为了世界于第一原因之依赖关系的投影。

柏拉图已于其晚年讲座中将"一"接受为超越于善的万有之本原。随后，新毕达哥拉斯主义者们将其学说在一种诸本原的一元论之意义上进行了拓展，其中势头强劲的一支甚至由"一"中推出了"不定的二"（die unbestimmte Zweiheit）的质料性本原，它在柏拉图那里尚是被与"一"的形式性本原并置在一起的（参较A. Schmekel, Die Philosophie der mittleren Stoa in ihrem geschichtlichen Zusammenhang. Berlin 1892 S. 403ff. ）。由此，自仅仅承认"一"具有某种优先地位的柏拉图-亚里士多德式"一-多"对立中，一种由"一"向"多"的推导过程发展了出来。这一学说随后以这种形式为新柏拉图主义所接受，它致力于将由"一"向"多"的展开过程加以更为精确的描述。这些思想首先经由伪狄奥尼修斯而被介绍给了中世纪的学人。它们对于亚里士多德派同样具有绝对的适用性。圣托马斯援引柏拉图称，人们须得将"一"置于数量之先（S. Th. I q. 44 a. 1），而他于另一处语及相同的观点时，则引用了伪狄奥尼修斯（I. Sent. d. 2 q. 1 a. 1）。

现在，当库萨将这一原理作为其论证基础，用于下文中提出天主的三位一体如何与"不异"的天主之概念——它理当先于所有数字的规定性——相协调这一问题时，同样的问题本来在《论有学识的无知》中就可以针对其论断而被提出了。对此问题的回答要么是对这一公理的否认，要么是对天主之统一性的维系。这一公理仍是有效的，而认为在天主的三位一体中存在某种对统一性规则的违犯，则是一种妄见，因为三位一体并未放弃天主的统一性。

［6］经由概念的联结而将这种三位一体带向理解的尝试，在库萨之前便已有多人做过了，而这些尝试也为他所知。教父们的哲学以此而开端；奥古斯丁带来了统一、相等与联结三个概念，而波爱修则使用了"相等"（aequale）或"相似"（simile）概念的三重复现。仿照教父们的做法，阿拉伯哲学凭藉三个神圣属性：智慧、善与权能而对三位一体进行了直观化的说明（Jahja ibn Adi. 参较Gg. Graf, Die Philosophie und Gotteslehre des Jahja ibn

Adi und spätere Autoren. Beiträge zur Geschichte der Philosophie des Mittelalters Bd. 8, 7. Münster 1910 § 4），并将之描述为存在者、能言善辩的、有生命的（Daniel ibn al-Hattib. Petrus as-Sadmanti: Graf S. 72–73；74）；由教父哲学之中诞生的太阳、日光与温暖或火、光与温暖的比喻也十分常见（Jahja ibn Adi. Daniel ibn al-Hattib. Petrus as-Sadmanti: Graf S. 36；73；74）。此外，理智、认识者与被认识者的三重性也被提出了（Jahja ibn Adi. Ali Isa ibn Ishaq ibn Zura; Abu Faraq ibn at-Fajjib as Safi: Graf S. 24；26–28；47 Anm. 2；50；66）。

所有这些形象都于十二世纪重新回到了经院哲学的怀抱。瓦赫的威廉海姆（Wilhelm von Ware）那里出现了潜能（potentia）、智慧（sapientia）与善（bonitas）的三重性（In primum libr. sentent. cod. lat. 1438 Nat. Bibl. Wien fol. 14rb）。圣维克多的理查（Richards von St. Viktor）由至善（summa bonitas）、至福（summa felicitas）与至爱（summa caritas）中推导出三位一体的尝试对后世影响甚巨（De Trinitate lib. 3 PL 196, 915–950；参较 Petrus de Trabibus: In primum librum sentent. cod. 154 Bibl. Communale Assisi fol. 13vb）。托马斯使用的类比是认识者、被认识者与二者间爱的联结（S. Th. I q. 37 a. 1）。关于经院哲学中三位一体形象的更详尽之论述，参较以下的工作：A. Stohr, Die Trinitätslehre des hl. Bonaventura I. Münsterer Beiträge zur Theol. Bd. 3 Münster 1923; Die Hauptrichtungen in der spekulativen Trinitätslehre des 13. Jahrhunderts. Theol. Quartalschrift 106 1925 S. 113–35; Des Gottfried von Fontaines Stellung in der Trinitätslehre. Zeitschrift f. kath. Theol. 50 1926 S. 177–95; Die Trinitätslehre Ulrichs von Straßburg. Münsterer Beitr. zur Theol. Bd. 13 Münster 1928。格外受到欢迎的是关于认识与爱中灵魂之内在产物的比较；参较 Petrus Aureoli I sent. d. 3 c. 3 a. 3。

与所有以上这些思辨相反，库萨偏好使用各种数学的类比，如它们在特别是基督教新毕达哥拉斯主义中的夏特尔学派中所发展起来的那样。当他现在使用"不异"的定义，而将一再被提及的奥古斯丁的类比弃置不顾时，乃是由于这样的缘故：他相信，这一概念的定义本身已然使得三重复现成为了必需。他由此而再次接近了波爱修曾以"相似"与"相等"的概念推动的那场游戏。

[7] 这样一种尝试贯穿了库萨毕生的工作：为三位一体与其间的关联觅见一种尽可能相称的表达。他并不仅仅是一再地与他从参考资料中找来的

第五章 论"不异"为圣三一

那些概念进行论证,而且是一直在致力于改善他自己的术语。在《论有学识的无知》中,他选择了统一、相等与联结(I c. 7; De sap. I S. 19, 20–20. 8; De beryllo c. 22; De princ. fol. 10ʳ Paris 等等)。统一包括了不可分性、区分与联结,因而就其自身而言便是三重性的,但又不会失却其单纯性(Docta ign. I c. 10 S. 20, 26 ff.; De mente c. 11 S. 93, 16; Dies sanctif. S. 18, 10; 22, 19 ff.; Maria optimam partem Predigt Nr. 47 fol. 66ᵛ Paris)。此外,他还使用了"这"(hoc)、"这个"(id)、"同一个"(idem)或是"统一"、"此性"(iditas)、"同一性"(identitas)的三元关系(I c. 9)。他也非常乐于使用奥古斯丁的"爱者"、"被爱者"与二者间"爱的联结"(De Trin. VIII c. 10 - IX c. 5; XIII),这一形象在德国密契主义中再三得以重复(对此参较 E. Bohnenstädt in Von Gottes Sehen S. 200)。同样,对于波爱修以太阳的概念加以直观描绘的同一语词的三重复现,库萨的使用也不在少数(参较 Boethius De. Trin. C. 3; Bonaventura De myst. Trin. q. 2 a. 2 Bd. 5 S. 67; De vis. Dei c. 17)。一开始为阿拉伯人所使用的认识活动之统一性(认识者、被认识者、认识活动)的类比也在库萨这里获得了认可(Docta ign. I c. 10 S. 20. 18)。

于1456年的一篇布道文《天主的和平》(Pax Dei)中,库萨选择了"永恒"、"更新的永恒"与"更新的永恒之'更新'"(fol. 155ʳ)。然而不久之后他便感到,对于三重位格的实体之统一性而言,所有这些东西所能表现的还是太少了。故此,我们发现他在三年后的《论相等》(De aequalitate)一文中将相等的概念重复了三次。倘若人们关注一下三位一体向外的效能,那么"潜能"、"活动"与二者的"联结"这一概念三重性同样是有利的,可以将同时作为动力因、形式因与目的因的第一因归给三重本质(Predigt Trinitatem Nr. 230 1456 fol. 134ʳ; 参较 De possest fol. 180ᵛ)。类似的动态形象还有:水在其中流动的源头、河流与海洋(Predigt: Cum venerit Nr. 182),或是一个其内部存有源头的湖:源头、河流与湖(Cribr. Alch. II c. 9)。

库萨的这一系列努力在"不异"自身的三重复现那里达到了高潮。他正好提出要求说,要将"不异"的定义放到它完全发展了的形式当中去(In explicatum igitur definitionem intueamur)。在此,"展开"的概念是于其传统意义中出现的。不过这一概念在库萨的体系中,相应于其新柏拉图主义的整体立场,具有某种重要的形而上学意义。世界乃是对天主之折叠(complicite)的展开。当库萨谈及定义的展开时,我们至少必须从中听出这层意思。正如定义展开自身并成为即三而一的那样，天主亦是如此这般地展开自身，并且创造了世界。

[8] 这一判断之所以是重要的，正是因为库萨在对三位一体进行直观描绘的过程中，对于中世纪基督教新柏拉图主义与新毕达哥拉斯主义颇多利用。既然古代新柏拉图主义就已然对三重的模式展现出了很大的偏好（参较普罗克洛斯那里"保持"（μονή）、"过程"（πρόοδος）与"回归"（ἐπιστροφή）的三重性），那么当这一流派中的各位基督教代表者相信三位一体同样能够得到理智的证明时，这一点也就不足为奇了。阿拉伯哲学家们已经从理智、认识者与被认识者的三重性中推导出了一种三位一体的理智证明（参较 Jahja ibn Adi; Ali Isa ibn Ishaq ibn Zura; Abu Faraq ibn at-Tajjib; As Safi bei Gg. Graf, Die Philosophie und Gotteslehre des Jahja ibn Adi und späterer Autoren. Beitr. z. Gesch. D. Phil. d. Mittelalt. Bd. 8, 7 Münster 1910 S. 24ö 26–28ö 47 Anm. 2ö 50ö 66），而佩特鲁斯·阿斯-萨德满提（Petrus as-Sadmanti）直接在天主的理智属性与启示属性，如圣父、圣子、圣神间做出了区分（Graf S. 74）。在经院哲学中，首先是圣维克多的理查相信能够以理智的根据证明三位一体（De Trinitate lib. 3），而他的论证获得了强烈的回响。从对严格之可证明性的理解，到将这些思想过程评定为可能性的证据，再到对每一种知性可证明性的拒绝，所有这些差别全都在往后的时代中找到了自己的代表者。一方面，十三世纪的重要作者们从头到尾地拒绝三位一体的可证明性；而另一方面，佩特鲁斯·奥雷欧利（Petrus Aureoli）重新消弭了理智认识与启示之间的分界。库萨非常明确地将所有这些能够被给出的表述仅仅把握为对某种信仰原理的直观说明。它们乃是旨在将隐秘带向理解之近处的尝试。当然，这些尝试必定是有缺陷的，库萨也在本章末尾说道，兴许"不异"的规定性运动之类比能够为精神之眼开显出对三位一体内在生命的预感，它比起语言表达来说更接近真实。

[9] 在库萨看来，将三位一体描述为圣父、圣子与圣神的做法过于依附于受造物了，它是一种"无比渺远的相似性"（distantissima similitudo）（Doct. ign. I c. 9 p. 19,9），某种相差甚远的类比，无法触及到三位一体的本质。它的价值仅仅在于，能够使得天主诸位格的生养与出现在我们面前显得直观一些（Dies sanctific. p. 22, 15–18）。这种对《圣经》中的描述之态度使得库萨站在了夏特尔学派的轨道上（参较 Alanus, De fide cathol. contra

haer. III c. 4 PL 210, 406 A B）。在奥古斯丁那里诸如统一、相等与联结的概念还仅仅被用作阐明《圣经》中的那些描述，而从现在开始，关系则完全颠转了过来。

［10］托马斯对"一"的经典定义为："'一'无非是未分的存在者"（Nihil enim est aliud unum quam ens indivisum, De ver. q. 1 a. 1）。在此，库萨将它与全部所谓超越属性中离它最近的概念规定性，亦即"某物"（aliquid）联系在了一起。参较托马斯在同一位置的论述与亚里士多德的《形而上学》: I 1 1052 b 16。

［11］通过统一、相等与联结的概念对三位一体的象征化首先出现在奥古斯丁那里（De doctr. christ. I c. 5 PL 34, 21），他意在由此强调神性本质在三个位格中的统一性。"三重位格拥有相等的永恒性、相等的不变性、相等的庄严与相等的权能。在圣父中是统一，在圣子中是相等，在圣神中是统一与相等的联结：这三者经由圣父而是统一的，经由圣子而是相等的，经由圣神而是联结的。"这一段落为十二世纪的经院哲学家们非常频繁地加以引用。圣维克多的理查在一篇题为"论占有于三位一体中的三重位格"（De tribus appropriatis personis in Trinitate）的短篇著作中对其如此进行了阐释（PL 196, 991-93），但圣父、圣子、圣神的《圣经》描述在那里仍基础性作用。波爱修以相同方式断言（De Trin. c. 6 PL 64, 1254 D-1556），一切相等是经由相等才相等的，一切相似是经由相似才相似的，一切同一个是经由那是同一个的东西才是同一个的；圣父、圣子与圣神的关系在三位一体中是类似的。

然而，在基督教新毕达哥拉斯主义的夏特尔学派中，由奥古斯丁本来用作直观说明的诸概念被转化成了三位一体的真实表达。内在于天主之中的流溢现在成为了一切其他导致世界产生之流溢的范本。经由某种数的思辨，三重性由统一性中推导而出（Thierry von Chartres, Do sex dierum operibus ed. Hauréau p. 65-66；另参较梯利的波爱修注释，见 W. Jansen, Der Kommentar des Magister Clarenbaldus zu Boethius De Trinitate. Breslauer Stud. z. hist. Theol. Bd. 8 1926 S. 13*, 14*）。由这种数学思辨中几乎产生了对三位一体的理智证明。此外，赫尔墨斯·特里斯墨吉斯忒斯（Hermes Trismegistos）与毕达哥拉斯也经常被引用，前者称神是产生单子的单子，并于其中使它的灼热后弯（参较 Alanus De fide cath. Contra haer. III c. 4

PL 210, 405 C); 后者被认为将三位一体作为唯一可尊崇的东西而加以赞颂（参较 Johannes v. Salisbury, De septem septenis PL 199, 961 B）。奥古斯丁的类比在伦巴第人巴都（Petrus Lombardus）那里也可以找到（Sent. I d. 31, 2—6 ed. Ad Claras Aquas² p. 195 sq.），并由那里流入了所有的语录注释中（参较 Albert I Sent. d. 31 a. 9 Bd. XXVI p 110 sq. Borgnet; Thomas I Sent. d. 14 q. 3 a. 1; S. Th. I q. 39 a. 8; Duns Scotus I Sent. d. 31 Bd. X p. 486 Vivès und Report. Paris. I d. 34 q. 3 n. 2 Bd. XXII p. 414）。

库萨立足于基督教新柏拉图主义者的思想之上，单是对毕达哥拉斯的经常引用就能使这一点显得足够清晰。对三位一体之作为统一、相等与联结的经典描述在他那里获得了甚高的评价。他一再将之提起，并在夏特尔学派的意义上对其进行论证，参较 Dies sanctific. S. 22 ff.; Docta ign. I c. 7—10; c. 22 p. 50, 28—51, 15; De coniect. II c. 17 fol. 64ʳ; Idiota de sap. I p. 19, 19—20.8; De pace fidei c. 7; De ven. sap. c. 21 bis 26; De ludo globi II fol. 163ᵛ。

[12] 波爱修经由"同一个"（idem）的三重复现而追求对天主的三个位格在实体上之相等的直观说明（De Trinitate c. 6 PL 64, 1254 D sq.）。以这种形式，库萨于1439年的圣诞布道中引入了这一形象（Dies sanctificatus p. 22, 18: id, idem, idemptitas）。但他已经于《论有学识的无知》（Docta ign. I c. 9 p. 18, 19 sqq.）中使用了这样的表达：统一（unitas）、此性（iditas）与同一性（identitas），它与波爱修的 Ps.-Beda 注释中所使用的这（hoc）、这个（id）与同一个（idem）（PL 95, 400 B C）间存在字面上的连贯性。

第六章　论"不异"遍在万有

费迪南德：对于此事，所说的已然足够了。现在，请继续说下去，向我们展示"不异"之处于差异者之中吧。

库萨："不异"既非差异者，亦非相异于差异者的东西，亦非差异者中的差异者；这无非是因为，"不异"无论如何也不可能作为差异者而存在，就好像如某个差异者那样缺少某物似的。正因为差异者总是与某个差异者相异的，它便缺少那与之相异的东西；而"不异"却不缺少任何东西，也没有东西能外在于它而存在，因为它不与任何东西相异。由此，就像不经由它却要存在或被思考的东西，无法离开它而被言说或思考那样——假若没有它，某物便既不能存在，亦不能被区分了，因为它先于所有这些东西；由此，人们现在看出，这东西于自身中先行并绝对不异于它自身，并认识到，它于差异者中不异于差异者自身。譬如我说，天主并非可见之物中的某一个，因为祂是它们的原因与创造者；那么我也会说，祂于天之中不异于天。假使"不异"于其自身中成了某种异于天的差异者，那天要如何才能不异于天呢？既然天乃是与非-天相异的东西，它便是某种差异者;然而那作为"不异"的天主,并非那作为差异者的天,纵然祂既非某种处于其中的差异者,亦非某种与之相异的东西[1];亦如光并非颜色,虽然它既非某种处于其中的差异者,亦非某种与之相异的东西[2]。

你须得多加注意的是:一切可被言说或认识的万有,之所以都不是那为"不异"所称谓的在首者,是因为一切万有,与其对立面相比,都是某种差异者。然而天主与差异者间不存在差异,祂并非差异者,尽管"不异"与"差异者"表面上仿佛是对立的;然而,差异者并不与那它由之而获得其作为差异者之存在的东西相对立,如我们先前所说的那样[3]。现在你看到,神学家们何以是正确地断言道:尽管天主并非万有中的任何一物,但却仍在万有之中了[4]。

费迪南德:但凡用心于此的人,都会与您一道洞见此事的。由此,对任何人而言确凿无疑的是:无名的天主命名万有,无限的天主限定万有,无际的天主规约万有,如此云云[5]。

库萨:不错。由于"不异"退场之处,存在与不存在的一切都必然化为乌有,人们便会清晰地认识到,一切万有于它之中都先行是它自身,而它自身于万有中则是一切万有。因此,当我于差异者中照见它,而于它自身中照见作为它自身的差异者时,我便先行看到,万有是如何仅仅经由它、不凭藉任何差异者而如其所是地存在的。它不是由差异者中造出天,而是由天造出天,这天于它之中就是它自身[6]。同样,倘若我们将之称作理智认识的灵性(spiritum)或光,并于这认识中将它视作一切万有的本质规定性,那么这一本质规定性——天何以是

第六章 论"不异"遍在万有

天而非别的东西（non aliud）——便已先行存在于它之内；天正是由此规定性才得以形成，才成为天之中的那个天。因此，可感的天并非凭借差异者或某种与天相异的东西才是天，而是凭借那相对于一切差异者的"不异"；你先于名称而看见它，因为它是一切万有之名称中的一切，而同时又不是万有中的任何东西[7]。因为我由之而将那种本质规定性称作"天"的那个原因，亦即我将之称作"地"或"水"的那个原因，而这同样地适用于每一个别之物。并且，倘若我看出，天的本质规定性不可被称作天——因为原因并不具有结果的名称；那么我便由同样的原因而看出，它不可为任何名称所命名。因此，我之所以将其看作不可名的，并不就是说它缺乏名称，而是说它先于一切名称[8]。

注释

[1] 人们可以从托马斯对"差异性"（aliquid，字面意思即"某物"）的界定出发，以弄清库萨与"不异"联系在一起的设想（De vers. q. 1 a. 1）。认识对象乃是彼此相异的，而这种差异性完全奠基于此：每个对象都拥有其特性，都拥有其被规定的如此这般的存在。因此，差异性并非某种个别对象上的特殊性质。这一使对象成其为对象的规定性事实将之与其它对象区分而开，并由此使得认识——它也只不过是对差异者的分辨——成为了可能，托马斯以"某物"称谓之。作为具有个体性的如此这般之存在的对象，每一个事物相对于其它对象而言，都是另外的对象。然而每个对象在其自身之中都是同一的，或者用库萨的话来讲，都是一个"不异"的东西。"不异"因而便成为了对象之间差异性的对立面，或者是——倘若人们想这么说的话——差异性的前提条件，因为只有每个对象刚好都拥有某种被规定的如此这般之

存在、都是某种"这个"(Dieser)时,差异性才是可能的。因此,"不异的存在"乃是每个对象的内在本质。

到此为止,枢机主教的设想与柏拉图-亚里士多德传统间完全一致。这些存在论的基本观点在库萨那里与"一"的形而上学交织在一起;根据这种形而上学,"一"站在差异者绝对的对立面上。"一"作为差异性在思想上的条件,要先于差异者。由这一逻辑先在性出发——按照柏拉图主义的思想方式——便会立即导致存在中的先在性。由此,差异性事物的世界便来到了"太一"的对面,这些事物虽然每一个都是一个"一"并因此而分有"一",但自身却不是"一"。以完全相同的方式,库萨将"不异而存在"视作每一个对象中如此这般之存在的元素,它因此变成了每个对象性存在的思想前提。它在思想上与逻辑上先于一切别的东西;而由这种逻辑-思想的先在性,便推出了存在论上的存在之先在性。"不异"乃是差异者的条件、前提与原因,同时自身存在于差异者之内。

由此,库萨的"不异"便如新柏拉图主义的"一"那样,既适用于对天主的绝对超越性之表达,也适用于对其在事物之中的内在性之表达。祂在天中是天,因为天的"不异而存在"正在于它是天。库萨在伪狄奥尼修斯屡次被援引的话语中理解这一点:天主是万物之中的万有,却又不是万有中的任何东西。《论本原》中的一个段落很好地展现了此一概念的生成(参较38 fol. 11^r)。

[2]对于亚里士多德而言,光是某种与色彩相异的东西;而在柏拉图主义者眼中,色彩不过是染了色的光。关于各种色彩理论,参较第三章德译注[3]。

[3]在"不异"概念于天主上的应用中,库萨所钟爱的"对立面之重合"这一概念同样表现了出来。正如每种规定性都恰好作为这种如此这般的本质而分有"不异而在"那样,差异性本身也是如此,因为差异性同样是某种如此存在的判断。因此,差异性刚好不异于差异性。等同性与差异性这组对立因而分有了"不异"。在"不异"之中,对立面由此便重合了,或者更确切地说:它超越于对立面之上,因为它们唯有从它之中才能展开。参较Über die Coincidentia opposit. s. Anm. 44.

[4]参较伪狄奥尼修斯《论圣名》:De div. nom. I, 6 (PG 3, 596 C); V, 8 (PG3, 824 A B); VII, 3 (PG 3, 872 A): Καὶ ἐν πᾶσι πάντα ἐστὶν χαὶ

第六章 论"不异"遍在万有

ἐν οὐδενὶ οὐδέν（它于万物之中是万有，而不是任何东西中的某物）。对于这一当然完全植根于新柏拉图主义中的思辨，格前15:28中的论述从教义方面提供了支撑："万物都屈伏于他以后，子自己也要屈伏于那使万物屈服于自己的父，好叫天主成为万物之中的万有。"

亚里士多德主义的神作为其思想自身而不与世上的万物处于任何创造性的关联中。与此相反，新柏拉图主义则致力于对"一"的创造性伟力进行描述（参较普罗克洛斯，In Parmen. 706, 24：数量不在任何地方离开与"一"的关系而与之相分离，而"一"也不会离开生养而缺乏归于它的数量）。原因保持于自身之中而不受到任何触动，便使得万物的复多性从自身之中产生了。因此，"一"要超越于诸效能之上，它存在——且不需要效能来填充它的存在。然而，效能仅仅作为属于它的效能而存在，它们全然依赖于"一"，于其整个当下存在中始终与之相连；参较普罗丁《九章集》与普罗克洛斯《〈巴门尼德篇〉注释》中的相关讨论（Plotin Enn. 6, 9, 5; 1, 7, 1; 5, 5, 9; 参较 Proklos, In Parm. 1075, 26）。

由此可见，本原对万物的生成作用并非某种意志活动，毋宁说是完满者以一种内在必然性而使无数有限定者从其中涌现出来（Plotin Enn. 3, 2, 2; 4, 8, 6; 5, 2, 1; Proklos, In Parm. 922, 29）。对于这种由"一"而生的力之流溢，新柏拉图主义者往往使用太阳作为隐喻（Plotin Enn. 5, 1, 6; 1, 1, 8; 6, 7, 5）。"一"虽然在一切事物中都是它们所是的一切，但又不与这些对象中的任何一个相同一（Plotin, Enn. 5, 3, 13; Proklos, In Parm. 1075, 26："一"于其无量中乃是一切有量之物与一切量的基础，于其无数中乃是一切数的基础，于其无形中乃是一切形态的基础；在其它规定性那里，情形也类似，因为它不是以其为基础之事物中的任何一个）。

同样的学说由伪狄奥尼修斯而进入了基督教语境。一切说法都在字面上得到了保留，只不过由"一"生"多"的过程现在成了天主之意志的行为。天主对于世界而言同时是内在与超越的（De div. nom V, 10 PG 3, 825 B）。中世纪的基督教新柏拉图主义不断以崭新的说法对这些论题加以重复，比如爱留根纳（De div. nat. I c. 62 PL 122, 506 D; 507 A; III c. 20 PL 122, 683 B, 参较 J. A. Endres, Honorius Augustodunensis 1906 S. 123; 152）。整个世界就像最微不足道的点那样包囊于神性之中（Honorius August. De cogn. Vitae c. 25 PL 40, 1020）。每种受造的存在都具有三重实存：在天主中作为不朽的生命,在自身中作为可变的实体,在我们中作为摹本(De cogn. Vitae c. 15 PL 40, 1015)。索尔兹伯里的约翰(Johannes von Salisbury)将这一学说归给天文学家多罗忒乌斯(Dorotheus)(De septem sept. sect. VII PL 199, 960 D)。库萨在埃克哈特大师那里同样发现了相同的思想(Cod. Cus. 21 fol. 138ᵛ; fol. 137ʳ)。马尔西利奥·费奇诺也以相同的方式对柏拉图的《巴门尼德篇》进行解释(Vorrede zur Parmenidesausgabe Opera omnia Bd. II Basel 1561 S. 1136)。

库萨对于自己的如下论断,给出了其源头的伪狄奥尼修斯与埃克哈特大师:天主是万物中的万有,但又并非其中的任何一个(Apol. S. 28. 23)。瓦京的贝恩哈德在他的《赞美有学识的无知》中,吸收了对有学识之无知的要求(S. 168, 23–28 Vansteemberghe):正是去认识天主与世界之间关系的时候了(Docta ign. I c. 10 S. 20, 8 ff.);而温克却叱责道,这会导致将万有弄成同一个东西,并将整个世界于其本质中神化(De ignota litteratura S. 24 ff. Vansteenberghe)。库萨所处理的问题可以表达如下:天主的绝对超越性与世界对天主的绝对依赖间是如何相协调的?而答案则是:受造物永远居于天主之中。受造的世界乃是天主的一幅摹本,并且是一幅无限远离祂的摹本,因为有限与无限之间是不存在比例的。人们因而可以将受造物描绘为"偶然产生的天主"(deus occasionatus),描绘为完满地于天主中被设想之物的有限实现(Docta ign. II c. 2 S. 68, 15 ff.)。天主在太阳中是太阳,在溪流中是溪流;而反过来说,太阳在天主中也不是任何与天主相异的东西。"万有在至大的一中是这个一"(Docta ign. I c. 11 S. 22, 11)。倘若认为这里所使用的是某些泛神论的概念,那就完全不合情理了;因为这里所关涉到的并不是一些段落的字面,而是它们所由以写出的精神。毋庸置疑的是,库萨一直致力于强调天主的超越性,甚至超过了所必要的程度。譬如,当他将天主在世界中的展开与统一性向数字的展开相比较时,他立即保证说,这不能按照种属意义上的统一性去理解,因为类属只存在于个体之中(Docta ign. II c. 3 S. 71, 3 ff.)。这只能意味着,天主乃是外在于诸摹本的真常之存在,也就是说祂超越了世界。

[5]库萨钟爱这样的悖论式说法。它们与否定神学相符合,而根据这种神学,相比于在天主那里对一切称谓进行肯定而言,否定它们要来得更好。然而,既然天主乃是万有的原因,人们便可以将这些看似互相矛盾的命

题随意堆砌起来了。参较此处文段与《论本原》：De principio n. 19 fol. 8ᵛ。

[6] 这是整个新柏拉图主义思辨的最大弱点。通过将诸对象追溯到越来越普遍的思想的条件——在这种思辨看来，也就是实在的条件——上面去，其由形态各异的万物所构成的世界逐级上升到"太一"那里去。这无异于柏拉图在他的理型金字塔那里所做的事情。然而现在，从这种分析性的上升产生了某种穿透相同层级的综合性展开过程，它应当是对世界之产生的某种理性说明。由此而被忽视了的是，在每一个层级那里都存在一种新的区分、一种新的形构，它使得种的如此存在之规定性相较于属的而言变得更多。这种增殖与区分由何而来？它不可能来自质料，因为质料处于这一序列的尾部——它在那里作为独立的本原而出现——但却是作为某种完全缺乏质的东西，作为一切规定性的对立面而被把握的。因此，逻辑-存在论的先验主义悄无声息地不断地从经验那里借来东西，并且预设了它想要推论出来的内容。

当这种以基督教形式存在的新柏拉图主义先验论将终极本原把握为同样创造了诸形式的人格化造物者时，它变得更可容忍了一些。在奥古斯丁的新柏拉图主义中，这是依照诸理型的范本而发生的，它们按照一种已然出现于中期柏拉图主义中的构想而被理解为天主的思想。然而，当创造披上了新柏拉图主义流溢学说的概念外衣后，古老的难题又会立刻卷土重来：要如何解释渐进性的区分过程呢？

据我所知，唯一一位清晰看出了这个难题并试图将其解决的中世纪思想者是波纳文图拉。他虽然像新柏拉图主义传统一样，将光理解为万物最普遍的形式，但却使得特殊的形构经由更多的形式而完成（II Sent. d. 13 divis. text. Bd. II S. 310 a）。在他看来，这些形式是通过自然原因的影响而由质料中流出的，它们作为活动的潜能而停留于质料中（II Sent. d. 15 a. 1 q. 1 Bd. II S. 374 b）。关于这一关于形式之复多性学说，参较K. Ziesché. Die Naturlehre Bonaventuras. 1908 S. 53–79 und M. de Wulf, Le Traité de unitate formae de Gilles de Lessines. Louvain 1901 S. 10–58。库萨在此略微触及了我所提及的这种考虑，但却于无意间与之擦肩而过。他说道，"天"并不是经由某种差异者的作用才成其为"天"的。基督教对于造物者创造万有的信仰使得他忽略了这一附着于他的哲学大厦之上的难题。

[7] 先前关于存在关系所说的，同样适用于诸般称谓：天主在万物之

中是万有,但又不是它们之中的任何一个;天主在一切名称中是万有,但又不是其中任何一个,也就是说,所有能够以其如此这般存在的诸规定性而被觅见与称谓的东西,都要追溯到天主上面去——这又是一种站在信仰立场上能够得到很好理解的思想,因为天主是万物的创造者,但却未曾凭藉新柏拉图主义的流溢说得到解释(参较前注),由此也同样不是库萨意义上作为每个存在者之自身同一性的"不异"。每个事物当然都是与自身同一的,然而事物之所是却并不归功于抽象的同一性。这与柏拉图所做出的乃是同样的跳跃:他宣称,人类将其一切所是归于人类本身。

[8] 库萨由此说出了一切否定神学的基本思想。没有原因能够由其效能而得到充分的认识,而天主如此之高地超越于一切受造物之上,以至于没有来自受造物、来自其效能的称谓能够被应用到祂身上。然而,这种不可命名性并非某种本质之匮乏的结果,而正是其过量之财富的结果。参较伪狄奥尼修斯的表述:De div. nom. I, 5 und 6 (PG 3, 593-96);奥古斯丁:De Trin. VII c. 4 (PL 42, 939)。与这里的表述非常类似地,库萨先前在著作《论本原》(n. 35 S. 62 Feigl) 中写道:不可言说的本原因而既不被称作本原,也不被称作多、非多、某一个或任何别的东西,而是以不可命名的方式高居于所有这些之上。

第七章 论"不异"俯拾即是

费迪南德：我理解了此事，并将之认作真实不虚的。若这原因消失不见，那么效能（effectus）也就随之消灭了[1]；由此，随着"不异"的消失，一切差异者、一切可名者乃至无自身——因为无是被命名的——也就化为乌有；我请求您向我阐明，我当如何认清这一点[2]。

库萨：毋庸置疑，设若寒冷消失，那么在罗马已然随处可见的冰也就消失了；可是那早于冰而形成的水却不会由此消失。然而，设若存在者消失，那么冰与水便一齐消失了[3]，它们就此不再存在于现实中；尽管水之存在的质料或可能性未尝消失。此种水之存在的可能性可被称作一种特定的可能性[4]。然而，设若"一"消失，那么冰、水与水之存在的可能性便尽数消失了[5]；但尽管如此，一切可理解之物却并未消失，它们可以为天主的全能所催迫，成为水之存在的可能性，就像纯粹作为可理解之物的无或混沌（chaos）未曾消失那样[6]。然而，它与水之间的距离自然遥远得多——较诸水之存在的可能性自身而言；无论这种可能性是何等遥远与模糊，它仍被迫服从于天主的全能，而全能于其中的生命力并不与"一"的消失一道隐没无踪[7]。然而，设若"不异"自身消失了，其所先于的万有便会在顷刻间化为乌有；而且如此消失的不仅仅是存在者的现实性与可能性，而且也是存在者的非-存在与无："不异"也处于它们之先。

费迪南德：您已足够充分地对怀疑进行了回应。现在我看到，那不异于无的无，先于它自身而居有"不异"；而它与这"不异"之间的距离，就仿佛现实的存在与可能的存在之间的那样遥远漫长。它在心灵那里就好像是昏昏漠漠的混沌；确切说来，这混沌可以被作为无限效力的"不异"所攫住，以使自身得到规定[8]。

库萨：你已然以那作为现实性的无限效力来称谓"不异"了。不知何以见得呢？[9]

费迪南德：在我看来，统一而更少差异性的效力乃是更强大的；因此，那全然"不异"的效力便会是无限的了。

库萨：你的说法十分出色，且极为合理。我说的是"合理"，因为正如感性的观看无论多么敏锐，也无法脱离一切感性知觉或感性运动而存在那样，心灵的观看也无法脱离一切理智或理智运动而存在。虽然我看到，你使用了正当的认识能力，但我仍冀于了解，这"不异"是否于一切万有中如此为心灵所看见：它乃是不能不被看见的[10]。

费迪南德：我回转向那规定自身与一切可被言说之物的本原那里，并看到"观看"乃是不异于"观看"的东西；而后，我确然看到，自己既能凭藉"观看"，亦能凭藉"非-观看"

而照见"不异"自身。因此,倘若离开"不异"后,心灵便既无法观看,亦无法不看,那么"不异"自身便无法不被看见,正如它无法不被知晓——因为它既经由知识而被知晓,亦经由无知而被知晓。于差异者中,"不异"自身被识认而出;因为倘若差异者被看见的话,差异者与"不异"便一同被看见了。

库萨:所言甚是。但当你既无法于差异者中、也无法于"不异"中看见差异者时,你又是如何看见它的呢?

费迪南德:由于"不异"自身的位置即是万有的位置,而移除"不异"便是移除一切万有,故而外在于"不异"的差异者既不存在,亦不可见。

库萨:倘若你是于"不异"中看见差异者的,那么你定然不会看到,它于彼处乃是某种差异性的存在,而定会将其作为"不异"而看到;因为在"不异"中,差异性的存在乃是不可能的。

费迪南德:我之所以要说,自己是于"不异"中看见差异者的,乃是因为在它之外便无物能被看见了。然而,倘若您询问我"不异"中的差异者乃是何物;我会说,便是"不异"。

库萨:正是。

注释

[1]参较托马斯·阿奎那:"原因消失,效能便消失"(S. Th. I q. 96 a. 3 obi. 3)。对于库萨对世界的动态观察而言,天主不仅仅是于世界之外具有独立自存的创世之原因(Ursache),而且也是世界的根基(Grund);是的,祂乃是唯一一个人们能在这个词的真正意义上用"存在"来称谓的东西。世界唯有依凭天主的存在才是存在的;一旦失去这种神性的基础,它便要沦为

虚无（参较 Docta ign. II c. 8 S. 88, 2–5; Docta ign. II c. 3 S. 71, 21 ff.）。

[2] 前章中，"不异"已然被证明为万有的前提。费迪南德以其不知疲倦的努力而追寻着这种对身为亚里士多德主义者的他而言有些陌生的理解。他现在由已经获得的认识中得出了这一最终的结论。"不异"是先于一切可命名之万有的。然而，现在连"无"的概念也只是一种语言的称谓。费迪南德首先引出了这一显得像是悖论性的结论："不异"也必须能够先于所有虚无而得以思考。这一提问同时也有利于对天主绝对与独一的原因性加以强调。古代哲学并不将神视作世界的创造者，毋宁说将其视为世界秩序的安排者。这种神从而与这样一种元素相对：它虽然缺乏一切规定性，并被称作质料或者虚无，但却恰好在某种意义上不依赖于神。即便它由神而得以赋形，得以获得其规定性——人们甚至可以说，获得它的存在，但它依然不是为神所创造的，而是仅仅为神所形构。托马斯曾相信，通过理智的论证可以反驳这种质料的非受造性。他虽然将某种永恒的世界之创造看作可能的，但却认为，由第一因的思想中必然会得出创造的事实（参较托马斯天主存在证明的第一条）。因此，在基督教亚里士多德主义看来，质料同样是受造的。

然而，相对于基督教亚里士多德主义倾向于在造物者-受造物关系中对两种实在进行严格的区分，基督教柏拉图主义者——特别是新毕达哥拉斯主义中的一个流派——则试图找到某种概念的表达式，能够尽可能强烈地表达出天主相对于万有的原因性与世界对祂绝对有根基（abgrundlos）的依赖性。由此便存在着这样一种危险：抹杀天主与世界之间的界限，而往往只有个体思想者的整体态度能够使得如下决定得以做出：某一用法是否真的应当被解释为泛神论的。不过，在天主-世界关系之关系这一艰难的问题上，所有思想者都在严肃地追求某种概念的清晰性，而库萨也处于这一行列当中。经由费迪南德的问题，他得以更为明确地对天主之于万有的原因性加以描述，以此来显示出，"不异"的概念在此处也同样是适用的。

[3] 这里需要注意到某种思想的跳跃，它对于概念性-对象性的观察方式而言十分典型，正如我们在库萨的思想方法中所看到的那样。我们会不假思索地承认，没有水也就没有冰，因为冰仅仅是水的另一种存在形式而已。因此，水乃是冰的可能性之条件，这并不意味着要超出感性实在的领域。然而，库萨进一步推论道，水的可能性乃是存在者之实存。人们也可以承认，这个判断貌似是合理的；倘若所有存在的东西都不存在，也就没有像水这样

的某种特殊之存在者了。比这一判断本身更重要的则是如下的事实：它在此是作为对前一判断的逻辑推进而出现的，而前一判断说的是，水乃是冰的存在条件。两条判断都是某种线性思想发展的部分，它们在库萨这里也是如此。正如水乃是冰存在的前提那样，存在也是"有某种特殊存在"的前提。而我们将会立即看到，这条逻辑线是如何进一步向上推进的。

但人们几乎不会承认，在这里存在着某种直线型的思想推进。水是冰存在的实在条件，也就是说，它是水能被引入另一种存在状态的条件；而存在则是某种特定存在得以可能的思想性条件。倘若不于同时对"存在"，亦即对普遍概念进行思考，我就无法对某种特定的存在进行思考；普遍者与特殊者之间的必然联结并非某种任意的、为我的思想所任意操控的东西，而是一种客观的联结。因此，没有某种特殊的存在能够不于同时作为某个存在者而存在。可是，谁会从这一事实中得出如下的结论：普遍者是特殊者的实在条件；或者换句话说，谁会从"实在世界受到理型之法则性的影响"这一认识中得出结论说，理型之法则性的实存乃是实在世界的前提呢？然而对库萨而言，在这里并不存在什么跳跃，而在柏拉图那里也是一样——他对库萨的思想方法负有责任。

柏拉图的一项重要认识在于，属的消失会导致种的消失，但反之则不然：我能够脱离"马"而思想"哺乳动物"，但却无法脱离"哺乳动物"而对"马"进行思想。在柏拉图看来，由此可以立即得出上位概念对下位概念的非依赖性，以及下位概念对上位概念的依赖性。这种思想中的依赖性现在成为了存在中之依赖性的符号。对这一事实的表达乃是对普遍本质之早于并先于特殊本质的描述。这种"早于"或"晚于"在晚期柏拉图哲学那里扮演了重要的角色。它在柏拉图那里已经，并且在新柏拉图主义中更多地成为了建构性的宇宙论原则（对此参较 P. Wilpert, Zwei aristotelische Frühschriften über die Ideenlehr. Regensburg 1949 S. 148 ff.）。对于这种概念性-对象性思想而言，这些思想前提同样是实在前提，正如水之于冰那样。

格外值得注意的是，虽然库萨没有像柏拉图那样承认诸普遍本质具有独立的实存，但他却仍然保有这种思想方法。对库萨而言，人类的本质仅仅存在于它在个别之人那里找到的特例当中。尽管如此，他仍然认为这一原理是适用的：普遍本质乃是特例的条件，因此普遍本质要早于特殊本质。通过附加"本身早于"（与"对我们而言早于"相对），亚里士多德保留了这一柏拉图主义的称谓——实际上，它于亚里士多德的体系必然是某种格格不入的东西。然而他却没有想过，要从中得出新柏拉图主义所导出的那些结论。而就像"一同消失"（σνιαναιρεῖθαι）对于柏拉图与新柏拉图主义而言乃是某种后天性的标识那样，库萨自己也是如此认为的。这种理性主义-对象性的思想方法已经在《论有学识的无知》中表现了出来，参较 Docta ignorantia I c. 5。

［4］在思想前提的意义上，可能的存在先于现实的存在——它显然是更广泛的概念。一切现实的东西当然都是可能的，但一切可能的东西却未必都是现实的。人们自然也能从一种意义上定义可能性的概念：一切可能的东西也就是现实的。当一座房子可能的时候，也就是说，当一切条件都具备了的时候：草图、石砖、工人、金钱与建造它的意愿，那么它恰好也就被造成了。一旦缺少这些条件中的任何一个，房子也就无法在一种实在的可能性之意义上成为可能。然而，人们同样可以在一种更广泛的意义上理解可能性的概念；根据这种理解，只有那些概念上不包含矛盾的东西才是可能的。

库萨没有对其可能性的概念给出更切近的定义。像经院哲学家们一样，他也将可能性理解为现实性的对立面（参较 De possest fol. 182^r），由此必然与托马斯的定义相符合："当事物既可以存在，又可以不存在时，我们便称之为可能的"（Dicitur possibile, quod potest esse et non esse...）（S. c. g. III c. 86）。这种可能性的概念与亚里士多德的动力概念相符。存在论意义上的绝对潜能在亚里士多德体系中表达为质料。这一信念不光获得了斯多亚学派的赞同，也同样是新柏拉图主义的基本学说之一（关于质料概念的发展及包含于其中的困难，参较 Clemens Baeumker, Das Problem der Materie in der griechischen Philosophie. Münster 1890）。因而库萨将可能的实存与质料等同起来，完全与中世纪哲学广为接受的学说相符（参较 Docta ign. II c. 1）。现在，唯有当存在某种材质的时候，实在的对象才可能存在。然而，人们不能将这种材质设想为某种独立自存的东西，就像铜在浇铸成雕像之前就存在了那样；它只是纯粹的可能性，尚未以任何方式成为现实的。

［5］就像爱利亚派哲人在其关于"一"的学说中所做的那样，柏拉图首先将"一"的概念与存在者的概念加以等同。在此意义上，亚里士多德也认为二者在适用范围上是相等的。然而，在柏拉图将"一"作为万物的形式本原与存在的前提后，新柏拉图主义者则将"一"（ἕν）进一步提升到了某种高于存在之超越性的位置上，普罗丁因而能够谈论某种超本质的"一"。

第七章 论"不异"俯拾即是

当库萨承认"一"具有相对于质料的先在性时，他处于这一新柏拉图主义的发展脉络中。倘若我们将质料把握为纯粹可能性，那么作为诸对象形式因的"一"就是创造着现实性的本原。作为对象的条件之一，它乃是其可能性的前提，而当可能性被定义为质料之后，将"一"置于质料之前的做法也就呼之欲出了。即便暂时不考虑可能性的概念，人们也会不假思索地倾向于，将某种更高的层级赋予形式本原，而非质料本原。库萨首先是通过对存在、生命与认识的层级秩序来论证"一"之于存在之先在性的："一"的概念包含了所有这三个阶次（参较 De ven. Sap. c. 21, De principio n. 38 fol. 11^r）。

[6] 在柏拉图－亚里士多德学说的进一步发展中，形成了某种固定的存在者之层级秩序——尤其是在新柏拉图主义之内。这种存在者的层级秩序可被视为中世纪经院哲学中所有流派的共有财产（参较由存在的层级而作的天主存在证明）。然而，对于新柏拉图主义学派而言，还需加上这一信念：每一种更高者都是更低者的本原与前提。不同的思想者们各自以更加精确的形式对各个层级进行了描述。尤其是普罗克洛斯，他勾画了一种复杂的、结构精细的存在层级秩序。

在库萨那里，我们可以明确辨识出对普遍的层级秩序之坚持：天主、理智世界、灵魂世界、感性世界。而当他现在将理智事物置于"一"之前时，甚至由此而违背了自新柏拉图主义传统中流出的那种图像——"一"在那里要高于一切存在层级（参较上条注文中的《论智慧之追寻》引文）。我们手头的这一段落可能包含了某种未曾考虑周全的概念性层级秩序之尝试，因为针对所提及的将理智事物置于"一"之前的做法，人们很容易提出反对意见：理智之物也必须是"某一个"，正如《论智慧之追寻》的文本中所说的那样。

[7] 由此，概念-存在论的层级秩序终于抵达了它的目标。全能显现为万有的终极条件，它甚至能将仅仅是于思想中可能的事物带入现实性之中（De possest, fol. 175^r）。除掉某种对神性本质更为静态的观察方式之外，库萨那里尚有另一种方式，它使得天主之全能的动态元素得以更为强烈地表现出来。在本篇四人谈写作不久之前，库萨以"现实的潜能"这一天主概念对此进行了阐述。这种动态观察方式也在《论智慧之追寻》第三章中得以表现：天主（纯粹的潜能：posse facere）首先于自身中创造了万有（posse fieri），它们随后于时间中成为了现实的（posse factum）。天主这一先于理

智质料的位置,在《滚球戏》中得到了清晰而直观的阐述(De ludo globi I fol. 157ᵛ)。库萨也看到了可能在此出现的困难:仿佛天主是首先创造了质料,再由质料创造了所有其它东西那样,但却立即对此进行了回击。对于他而言,于这一关系中特别重要的是,天主并未将质料创造为不完善性的原则,而是将其创造成了诸多形态之一;也就是说,带有其积极的诸属性。

[8]库萨的直观性思想于此处再度出现了。虽然存在者的层级秩序纯粹是理智地建构于抽象-概念的思想进程中的,而"不异"在这一论证过程中也仅仅作为万有的逻辑根据而出现,但它却立即成为了万有的实在之根据,成为了无限的力量,成为了有能力使得仅仅作为理智性事物的存在者成为现实的全能。

[9]枢机主教立刻抓住了费迪南德的这个说法,由此来提出第一本原的动态面;这一本原到目前为止还仅仅被阐述为万有的逻辑-存在论条件。"不异"的概念自身为之搭建了桥梁。库萨由埃克哈特大师的约翰内斯注释(n. 718)中提取了《原因之书》中的论题:每种统一的力量都更不受限(Prop. 16 Bardenhewer S. 179, 2)。它可以追溯到以自己关于"一"的学说为其奠基的普罗克洛斯:每种未分割的力量都是更强的,被分割的则更弱。当它被分割时,它便迈入复多之中,并由此远离了"一"。它由此而更少地有效,因为它将自己与那个将它聚合为一的"一"分开了,而每一个东西的善都存在于其统一性中(参较Elem. theol. prop. 61)。这一在经院哲学中得到过多次援引的原理在托马斯·阿奎那具有公理性的意义(参较S. Th. I q. 77 a. 2 obi. 2; II, II q. 45 a. 3 ad 1; Bonaventura II sent. d. 43 a. 1 q. 1 fund. 5; II sent. d. 1 pars 2 a.1 q. 1 fund. 1)。然而,"不异"乃是完满之统一性的表达,因而也就是完满的统一之力量的表达。

库萨的这一思想进程强烈地令我们回忆起托马斯的一个段落(De potentia q. 7 a. 8)。在此处,托马斯对于那种认为天主与受造物间的关系会损害天主之单纯性的批评提出了反驳。然而,托马斯与库萨二人理解中的细微差异也是不容忽视的。在所有对天主内部之生命及其创造性效能的强调中,托马斯仍将祂把握为实体性存在(esse subsistens),它于其单纯性中为一系列关系所跟随。与此相反,德国密契主义则偏好将天主设想为生动的力量,以至于埃克哈特大师能够于其《巴黎研究》(Pariser Quaestionen)中以理解(intelligere)对天主的存在进行替代。

第七章 论"不异"俯拾即是

对于植根于新柏拉图主义传统中的库萨而言,情况也是类似的;他也将"太一"视作某种产生着效用的活生生之力量。对文中此处的详细阐明可以在《论天主之观照》中找到:"我感谢你,我的天主,你在我所能够把握的程度上仁慈地启示出,你何以是在最单纯的力量中包罗万有之存在的单纯之无限性。假若它不以无限的方式而成为统一的,这种力量便不会是无限的了;因为越是统一,这力量就越强大。因此,这种如此统一,以至于不再能够被统一的力量,乃是无限与全能的。然而主啊,你之所以是全能的,是因为你乃是全然自由的、存在于自身之中的单纯性,亦即纯粹自由的、于自身中存在的无限性"(übersetzt von Elisabeth Bohnenstädt S. 99,参较该书 Anm. 4 S. 194)。

[10] 乍一看上去,现在所得出的对这一问题的肯定似乎与先前做出的断言相矛盾:"不异"虽然在一切存在与一切认识那里作为基本前提而存在,但却不必然被人们所认识到;就像光作为观看的前提,却并不一定总在观看中被认识到那样(第三章结尾处)。这一段落声称,人们并不总是关注各种条件;而这里则断言,一旦人们关注到了"不异",就必须无条件地将它作为条件而加以把握。

第八章 论"不异"为万有本质

费迪南德：您若能对"本质"（quidditate）^①一义略加讲论，那便再好不过了[1]。

库萨：自当如此。你莫要踌躇不决：如我所言，"不异"的本质[2]便是"不异"自身。职是之故，天主或"不异"的本质，与某种有差异的本质相比，并非某种相异的本质；于每一种有差异的本质中，这"不异"即是并不相异的本质自身[3]。因而，相异于差异者之本质的诸差异者，它们之所以来到差异者这里，是因为离开差异者的差异者便会是"不异"了[4]。由此，那些跟随于差异者之本质的诸差异者，乃是"不异"之本质的

---

① 中译者按：库萨于此处选用了"quidditas"一词指称"本质"，这一中世纪常用的哲学概念是由疑问代词"quid"（译为"什么"）名词化而来，意指事物之"是什么"，亦即其实际所是的东西。下文中还将出现意义与之相近的"essentia"，该词由"esse"（存在）一词变形而来，表示事物之所是，汉语中一般也译为本质。德语学界一般基于词源上的考虑，将前者对应于"Washeit"（何物），后者对应于"Wesenheit"（是什么），但二者的涵义其实近似，于库萨的语境下无需刻意辨别。为了从概念上聊表区分，译者姑且将"quidditas"译作"本质"，将"essentia"译作"本性"。

某种辉光，它于无的阴影中沉没[5]。因而，那作为"不异"的本质，即是那差异者的本质之本质，而差异者的本质乃是第一本质的反照（relucentia）。存在着来到它这里的诸差异者；于这些差异者中，它们所归往的本质熠熠闪光。

这本质——我在心灵之中先于量而观照到它；由于它不可离开量而被想象（imaginari）[6]，它便于想象中接受了各种不同的形象；它们无法脱离各种不同的量而存在。并且，即便量不从属于本质的本性（essentia），亦即那个心灵超越于想象所观察的东西，而那为心灵所见的本质又不异于经由想象而被想象的本质；量也依然是形象之本质的结果——于形象无法脱离它而存在的意义上。

以此方式[7]，我再来谈谈尺寸（magnitudine）；心灵超越于想象之上，并先于想象性的量而看见它。反之，量则是于想象中被认识到的。它的想象愈是同粗滞与阴翳的量相分离[8]，愈是微妙与单纯，尺寸的本质就愈发单纯与确定地反照于其中，它作为想象性的尺寸便愈发真实。这是因为，对于尺寸的本质而言，量并非某种必要的东西，就仿佛这本质是由其中产生的那样——既然至大的单纯性或不可分性乃是脱离于量才成其为大的。然而，当尺寸必要被想象，或是必要想象性地显现时，量便立即成为不可或缺的了；就像这一旦离开它便成了不可能的那样。因而，当它想象性地处于其形象中时，量乃是尺寸的反照；然而当它处于理智认识中时，则会更清晰地反照出来。我们谈及"大理智"与"大知识"[9]，尺寸便理智地反照于彼处，与一切身体性的量分离并绝缘；但毫无疑问的是，它乃是凌迈于一切理智知解、超越并先于一切认识性的尺规（modum）而得以认识的[10]。由此，它非把握性地被把握，非认识地被认识，非可见地被看见。因为这乃是某种凌迈于人类认识的认识，它唯能于人类认识中得以否定性的触及[11]。

因为我们并不怀疑，可想象的尺寸不异于可想象的尺寸，而可理解的尺寸不异于可理解的尺寸，并且看到，那于可想象之物中可想象的、于可理解之物中可理解的尺寸，并非那即是"不异"自身而先于差异者的尺寸——纵然没有实存，它也依旧无法被理解。可想象的尺寸预设了那种先于可想象之交叠（contractionem）的尺寸为其前提，而可理解的尺寸预设了那种先于可理解之交叠的尺寸为其前提，它以或此或彼的方式反照于镜子与映像中，以至于那先于差异者、尺规与一切可言可意之物的尺寸，作为天主的无终之尺寸而被认识——此乃一种凭藉任何可认识之表达均无法被把握的尺寸。

由此，这一本身即是"不异"的本质普遍地规定了自己与万物的一切本质，就像我们之于本质的尺寸所说的那样。因此，正如"不异"以其先于数字而是不可增益的[12]，作为"不异"的本质亦复如是，尽管它于别的事物与别的尺规中乃是差异性的。

费迪南德：您令我开了眼界，使得我开始看到，本质之真理究竟如何。于尺寸之本质的映像中，您无疑将我带向了一种至为愉悦的观照。

库萨：很好，你现在已然透澈地看到，"不异"于每种认识中都被预设为了前提，于每种认识中都得以认识。你还看到，对于它而言，被认识的东西并非某种有差异者，而是那不被认识者，它于被认识者中以被认识者的方式而反照出来；正如日头的明亮乃是感官上不可见的，却于千姿万态的云霞间、于虹霓中可见的诸色彩间反照出来那样。

注释

[1] 这里显得十分跳跃：费迪南德现在想要就各种不同的概念有所了解，在这里是本质的概念，于下一章中是宇宙的概念，再下一章中则是分有的概念。到目前为止，对话都是在一定程度上有逻辑地展开的，它始终围绕着"不异"，并试图将其作为天主的概念而从各个角度加以阐发。这种关联性在此好像中断了，接下来的对话就好像是为费迪南德的求知欲所推进的一般。我们或许可以在从这章开始出现的各种断断续续的过渡中发现一种迹象：这篇四人谈没有得到最后的精修。然而，作品中无论如何都不缺乏内在的关联。库萨的问题总是首先指向天主，随后他则致力于由天主出发而把握受造物；在《论有学识的无知》中便是如此，第一卷献给了造物者，第二卷则处理关于受造物的问题。这第二项任务——由造物者出发来理解宇宙——现在被提到了日程上来。第十三章给出了这部分的总结。

[2] "本质"之于库萨，正如其于亚里士多德学派而言，乃是个体中的普遍者。所有人类都拥有相同的本质，但本质是以某种方式不依赖于个体之人而现实存在的（极端的共相实在论：共相先于事物），只不过是存在于个别的人之个体的具体化中（温和的实在论：共相在事物中），参较 Docta ign. II c. 6 S. 80, 4–9。库萨在这种意义上对逍遥学派哲人们表示赞扬。这一段落经由《论智慧之追寻》中的表述而得以补充（De ven. sap. c. 29）。

在认识普遍本质的问题上，库萨同样是亚里士多德主义者。他代表了这一学派中的抽象学说（Docta ign. II c. 6 S. 80, 21–22；对于抽象的确切描述见 De beryllo c. 31 S. 40, 10ff.）。然而，与这一学派的大部分支持者不同的是，库萨清楚地看到了概念的认识论问题。亚里士多德与库萨之前的大部分亚里士多德主义者区分了对象性本质与作为这一本质之复现的概念，但却将如下这一点认作是自明的：概念能够复现本质，而这样一来，诸如"其所是的本质"（τὸ τί ἦν εἶναι）与"定义"（ὁρισμός）这样的术语就有相混淆的危险。库萨清楚地看到了此处存在的问题，因而在《论有学识的无知》中解释称，概念与对象性本质之间的某种无限接近乃是可能的（Docta ign. I c. 3 S. 9, 24 ff.）。与这一符合此概念之现代论题的理解相反，温克则将自己视作经院的代言人（De ignota litteratura S. 28 bis 29）。

同样十分重要的还有本质之于天主的关系。柏拉图将万物的普遍本质——理型——视作分有理型的诸实在对象之范本。随后，中期柏拉图主义（阿勒比努斯、迪达斯卡里科斯（Didaskalikos），S. 163, 13 Hermann und Philon, De opif. Mundi S. 4, 17 ff. I, 5 f. C.–W.）将理型建构为神的思想；这一学说为普罗丁所吸取，并经由奥古斯丁（De div. quaest. 83 q. 46; De ideis 2; Retract. I, 3, 2）而为中世纪所熟知。如前所述，库萨与此相反，在共相实在论问题上做了亚里士多德主义者，并不认可有先于万物的普遍者。然而，中世纪新毕达哥拉斯主义与密契主义对他造成的影响，使得他认为世界并不存在相对的独立性——它本来就是相对于原本的摹本。天主是唯一的实在，是负载着世界的根基；若是没了祂，世界便要堕入虚无中。每一种受造的本质都不是天主之思想的摹仿或具体化，而是天主之本质自身收缩了的（弯曲的）并由此而受限的反照（De beryllo c. 35 S. 48, 2–4）。

［3］"不异"业已将自身表明为定义了其自身的本质。它乃是一种无法追溯到另一种更高本质之上的本质，是于其自身中拥有其规定性的根据。每一种差异性对象的本质都不与这一对象本身相同一，我们必须总是在对象与本质之间作出区分，而这样一种区分在"不异"这里确实不可能的。对象与对象性的本质在这里合而为一了。然而，不异的存在，也就是自身同一性，乃是每个对象的建构性前提，并因而是每个对象性本质的本质。没有本质能够不刚好作为这种确定的本质而成其为确定的本质。"不异"因而便是本质之本质。由此可见，作为"不异"的天主乃是诸本质的本质（essentia essentiarum）或诸形式的形式（forma formarum）。下文中明确得出了这一结论。它在此处是经由"不异"乃是差异者之本质这一证据而预先被完成的。

［4］差异者在此作为自身的本质而与"不异"相对。倘若人们接受这一判断，那么便可将其视作库萨体系中的某种二元论之证据。倘若人们将"不异"，亦即每个对象的自身同一性称作形式，那么作为差异者而被把握的

第八章 论"不异"为万有本质

质料便与之相对了。质料作为"一"的对立面的存在者而需要在"差异者"的概念下被把握,这种思想要追溯到柏拉图。《蒂迈欧篇》研究了个体对象作为理型之摹本的结构,并断定摹本必须永远存在于另一个事物中,因为它否则便会与作为原本的理型重合,或者干脆就根本不能存在了(Tim. 52 C)。因此,作为差异者或是虚空的质料在此与作为形式的理型相对立。当柏拉图随后于《智者篇》中,与《巴门尼德篇》的原理——唯有存在者存在——相反,试图将"非存在者也存在"这一假设证明为必然的时,这是符合于此处所阐述的提问的。在否定判断中,如:桌子不是圆的、鸟不是哺乳动物,我们并不断言主词根本是不存在的,而只是说,它不是于谓词中所断言了的那种东西。与此相应地,柏拉图说道,他所研究的并非这一问题:作为存在之对立面的纯粹之"无"存在还是不存在(Soph. 258 E),而仅仅意在断言,某种非存在者必然在差异性存在的意义上存在。倘若某种确定的对象要作为其自身而与其它对象相区分,它便应当不是所有这些与之相异的东西。这一对象的自身同一性与它与其它对象的差异性乃是一体两面。正如存在者存在那样,非存在者也在差异性的意义上存在(ἕτερον Soph. 256 D–257 B)。随后,柏拉图在《巴门尼德篇》(146 B bis 147 A)中深入讨论了这种非存在者的各种两难。现在,柏拉图的体系乃是二元论的,而"不定的二"这一本原被与统一性相提并论;而我们在新毕达哥拉斯主义中,除了某个将柏拉图的想法继续推进的二元论团体之外,也能够发现某个可能是在斯多亚主义影响下产生的一元论流派。无论其代表人物,诸如欧伊多罗斯、尼科马库斯(Nikomachos)、莫德拉图斯(Moderatus)之间在细节上存在多么大的分歧,他们在由自身展开为差异性与"二"的"一"推导出质料这一点上是有所共识的。这种思想同样也进入了普罗丁与普罗克洛斯那里新柏拉图主义的流溢说体系内(参较 Boethius Cons. phil. III, 11; Inst. arithm. c. 7)。基督教新柏拉图主义与新毕达哥拉斯主义能够不假思索地将这些想法作为对天主创造性活动的描述而加以接受。就其由统一性中产生而言,二重性预设了统一性(Thierry von Chartres, De sex dier. oper. Hauréau, S. 63)。大阿尔伯特明确地抛出了这一问题:当万有都自一个本原而产生时,诸对象的差异性要立足于何处。他通过伪狄奥尼修斯及其新柏拉图主义的榜样们找到了答案:与本原间的距离乃是差异性的原因,而接踵而至的便是那一直被用来对这一学说进行直观说明的传统形象:光的放射(De caus. Et proc.

univ. II tract. 1 c. 21 Bd. 10 S. 469 a b Borgnet)。

库萨的学说同样立足于这一传统中。对于他而言，质料当然不是在天主之外独立自存的本原（Docta ign. II c. 8 S. 87, 21 ff.）。毋宁说，质料乃是为天主所创造的。基督教新柏拉图主义在这里同样为库萨开了先路，首先是伪狄奥尼修斯，而他所追随的则是普罗克洛斯（特别要参较 De div. nom. C. 13, 2–3 PG 3, 977–319）。爱留根纳（De div. nat. III c. 1 n 11 PL 122, 621 C; 652 B–661 C）在此与夏特尔的梯利的观点相类似（De sex dier. oper. S. 63 Hauréau）。然而，这种在统一性与确定性方面的匮乏——它乃是质料的特征——不可能出自天主的意愿。因此，我们必须在此意义上将质料把握成为天主所创造的东西：它们的不完满虽然不是出自天主的意愿，但却是为祂所准许了的，否则祂的存在之充盈便无法得到摹仿与展现。《滚球戏》中非常明确地提出了这一问题（II fol. 163^r）。直接为天主所意欲的乃是质料接受形式的积极能力，但这种积极特质无法离开形式之匮乏的消极面而存在（参较同一位置）。库萨非常精彩地在《论天主之观照》第十四章中对这种质料之作为差异者的理解进行了说明。此处非常清晰地展现出，库萨是如何对新柏拉图主义传统中的不同思想进行了独立加工，并安插入他自己的体系之中的。

质料不具有独立的本质，它的所有规定性都来自形式（Sermo 17 n. 15 C 11^v，参较 n. 7 Cusanus-Texte I, 6 S. 30）。伪狄奥尼修斯为这些思想做了准备（De div. nom. c. 13 PG 3, 977, 980）。彼此相异地存在着的对象并不是经由差异性而被规定的，而是经由那独属于它的形式（De ludo globi II fol. 163^r）。因为并非万物中的每一个都能是无限的，它们必须是有限、受限并由此而彼此相区分的。曲线是从无限者那里获取了其作为"线"的特质，但它的弯曲则产生于它自身的有限性（Docta ign. II c. 2 S. 65, 24ff.）。与此类似地，尽管质料乃是虚无的，它却仍然是偶性的原因。这些偶然规定性的一个例子会在几行之后给出，库萨于彼处说明，本质仅仅能够于空间的广延中得以想象。

［5］在流溢学说的语言使用中，光线的类比始终作为诸流溢的图像而出现。作为对离光源越远强度便越弱的光的表达，至少自伊萨克·伊萨艾里（Isaak Israeli）开始，阴影的概念便出现了；它并不是昏暗一片，而是更弱的光（Liber definitionum fol. 3rb ed. 1515）。大阿尔伯特也跟随了这种语

言使用，与伊萨克一道相信较低的层级是于较高层级之阴影中产生的（De caus. et proc. univ. I, 4, 5 Bd. 10 S. 418 a Borgnet）。文中这一位置在字面上与阿尔伯特的说法相差仿佛。

［6］唯有当我们将诸本质由其形体－空间的包裹中分离出来时，它们才能为我们所认识。因此，在它们那里的认识暗示了某种想象，它不能脱离空间的广延，亦即不能脱离量而被理解（De possest fol. 179^v）。

［7］如文本中所言，本质与实在对象的关系，或者说本质与想象之形象间的关系，现在经由尺寸的例子而得以阐明了。尺寸的概念不包含任何广延中的内容。参较本章德译注［9］。

［8］"由粗滞与阴翳的量中"（a grossa et umbrosa quantitate）。这也是中世纪新柏拉图主义中传统光照形而上学的说法。参较本章德译注［5］。质料被称作粗滞与浓稠的（spissa）。

［9］库萨在此处引领他的对话伙伴走上了一条对感性条件逐步加以抽象的道路，由此来为他显示出对纯粹概念性关系的把握。形体性的、空间性的广延在此充当了例子，它乃是尺寸的一个特例。尺寸同样包括精神性的关系，奥古斯丁由此而谈到了灵魂的量，认为其具有一种纯粹与单纯的长度（longitudo mera et simpex）（De quant. anim. c. 6 PL 32, 1041）。波纳文图拉引证了奥古斯丁的这一论断：在我们关于精神性关系的语言使用中，语词更加伟大，且更加具有同一性（De Trin. C. 8），从而同样将"量"应用于诸种精神性力量上（I sent. D. 43 q. 2 ad 2 Bd. 1 S. 768）。库萨更为精确地做出了区分，并将量的概念置于尺寸的概念之下（参较 Docta ign. I c. 4 S. 10, 17）。他在此可能也受到了伪狄奥尼修斯的启发，后者将无量的尺寸归给了天主。库萨提及了尺寸在单纯性与不可分性那里的使用。他在《论有学识的无知》中于相同意义上做出了判断（II c. 1 S. 63, 26f.）。另外，仿照伪狄奥尼修斯，库萨也将天主解释为无量之大（Apol. S. 17, 22）。

［10］这些悖论乃是为库萨所钟爱的对密契领会的说明——它们应当说明的是那种超越于一切知性认识并因此不能为言语所把握的密契观照之深度。它们是对密契主义作品中经常提及之"雾气"的另一种表述。人类理智于这种抽象中将感性形象抛诸身后；然而，它尚能越过普遍的数学关系，于某种无与伦比的深刻观照中沉入神性的充盈中（参较 Apol. S. 12, 4 ff.; De possest fol. 183^v; Compl. theol. XIV fol. 100^v; De vis. Dei c. 16）。

[11] 正如中期柏拉图主义在对天主之超越性的强调方面做了预备那样，这种预备也存在于学说的逻辑表述与论证方面，我们就天主所能说出的一切命题都是凭藉概念而生效的，而这些概念则来自于我们的经验世界。然而，这些概念的对象却具有某种被规定或被限定的存在。每一种受造的如此这般之存在都被界开，作为这种如此这般的存在而与其它如此这般的存在相对立。天主则是无限的，也没有什么东西能够与之对立。由此，一旦要将概念运用于天主之上时，我们的所有概念必定都是不完善的。

亚里士多德主义哲学在此以类比性谓述的学说提供了帮助。然而，这一学说仍然以如下这一信念为基础：概念并不是以我们所认识的那种方式适用于天主的。库萨很好地标识出了类比学说的这种出发点（Docta ign. I c. 24 S. 48, 8 ff.）。因而，更好的做法是从天主身上否定掉那些我们以自己的概念所描述出的限定（同上, S. 54, 21）。出于这些考量，中期柏拉图主义者阿勒比努斯已然教诲说，所有的量都必须从神那里否定掉，而"无量性"也不例外（Didaskal. 10 S. 165. 15; 165, 6 Hermann）。根据这些思想，天主只能得到否定性的规定；它们在普罗丁那里得到了进一步发展（Enn. VI, 8, 11; Enn. V, 4, 1）。奥古斯丁也声称天主是不可认识的，而就连这一命题都已经太多了（De doct. christ. I c. 6 PL 34, 21）。然而，否定神学的真正创始人是普罗克洛斯。

与我们今日对这种发展脉络的理解不同，在13—15世纪的人眼中，柏拉图才是否定神学的创始人。通过将柏拉图《巴门尼德篇》中提出的第一条假定据为己用，并抬高到某种神学的位置上，普罗克洛斯对这一假设所作的结论中必然地包括了如下的断言：神无限地高于一切语言表达与一切思想（142 A）。伪狄奥尼修斯将普罗克洛斯的这种思想引入到了基督教神学之中（De div. nom. I, 5 PG 3, 593）。库萨与他的同时代人一道认为，普罗克洛斯那里的柏拉图便是真正的柏拉图，并且对迈蒙尼德有所了解。除了在阿维森纳那里之外（参较 Apol. S. 10, 8），枢机主教也在埃克哈特大师那里找到这样的理解：否定自身乃是知性的临时设置，它必须再次从天主那里被否定掉，从而达到否定之否定（negatio negationis）（参较 R. Klibansky, Ein Proklosfund und seine Bedeutung. Sitz/-Ber. der Heidelb. Ak. 1929 S. 12, Anm. 2）。

正是在埃克哈特大师的意义上，库萨也将否定神学理解为"negatio

第八章 论"不异"为万有本质

negationum",理解为万物之中有限的限定性之否定(Predigt 213 Sitzb. Ak. Heid. 1936/7 2 S. 100)。否定神学的整个任务得到了非常精彩的论证:这一点是必然的:天主无条件地以自身为基础,因为祂先于一切非存在,从而也就一以贯之地先于每一种差异性与每一种矛盾(《论潜能》,S. 46)。然而,在库萨眼中,仅仅展现天主不是什么的否定神学与必定终结于循环论证中的肯定神学一样无力(Docta ign. I c. 21; II c.3)。对于他而言,密契神学超越于这二者之上(参较写给卡斯帕尔·艾因多夫尔的书信中的批判: S. 114 Vansteenberghe)。

[12]参较第四章。

第九章 论"不异"为宇宙始母

费迪南德：我请求您——做些关于宇宙的论说吧[1]，这样我便能追随您而获致更精微的属神之观照了。

库萨：我会如此做的。当我以属形体的双眼观看天、地与存在于其间的事物，并以对宇宙进行想象为目的而搜集我之所见时，我便认识到宇宙中各居其所、处于相应的秩序与安宁中的每个部分；我观察这赡美的世界，看到万有皆由理智所塑成，了知到理智如是反照于万有之中：既于那些仅仅存在的事物中，也于那些不唯存在、亦有生命的事物中，复于那些不唯存在而有生命，且能理解的事物中[2]；它于第一个那里更为昏昧，于第二个那里更有生气、更加明晰，于第三个那里则至为光耀，以各自不同的形式存在于千差万别之间。随后，我把目光转向万物的本质规定性自身，它先于世界，我经由它才看到世界被塑成，并发觉它乃是不可把握的。我毫不迟疑地认为，万有都藉着这世界的本质规定性而被理智地造出，它乃是一切认识的前提条件，且于全体受造物中发出光亮，因为无物是离开这作为本质规定性的原因而受造的。尽管如此，我却无法把握住它自身；因为当我想要把握它时，便会真切地知晓：世界何以是如此而非别的样子，日何以为日，月何以为月，地何以为地，而每种事物何以如其所是，而非什么别的东西，不增也不减。假若我知晓了此事，我便不再是受造物与宇宙之部分了；因为我的本质规定性将由此而成为宇宙的创化技艺，成为它的始母（creatrix）。当我看出，宇宙的本质规定性以其先于一切可把握者而不可把握时，我便由此而把握了这"不异"。因此，既然它于可把握者中可把握地反照出来，我便将其视作不可把握者本身。

费迪南德：想要把握住那先于存在的东西，乃是困难重重的[3]。

库萨：形式给出"存在"与"认识"[4]；由此，那未曾具备形式之物便不可被把握，因为它或是在先，或是在后：譬如天主、原质（hyle）①、无，以及诸如此类的东西。当我们以心灵之观看触及这样的东西时，或是超于其上，或是低于其下。然而，因为我们离开语词便无法交流自己的观看，我们也就无法离开存在而对不存在的事物加以说明，否则听者便无从理解了。因而正如心灵的观看凌迈于把握那样，它也凌迈于表达之上，而一切对其的言说都是不真实且缺乏准确性的；亦如当我们说质料是质料、原质是原质、无是无，如此云云时。因此观察者须得如那透过红色玻璃看雪的人一般行事：他于看见雪的

---

① 中译者按：此处出现的"原质"（hyle），即希腊语词"ὕλη"的拉丁化形式，在此与前文中出现的拉丁语词"materia"（本书中译作"质料"）间并无显著区别。

同时，并不将红色归于雪，而是将之归于玻璃。心灵也如此这般地行事，它藉由形式而见出那无形的东西[5]。

费迪南德：神学家们声称，万有都是凭着天主的意志而被造的；我要怎样才能将这种说法看作真实的呢[6]？

库萨：天主的意志即是"不异"，因为它对意愿进行规定。然而，意志愈是完满，它便愈是理智且有序。故而，这先于差异者而被认作"不异"的意志，并不异于知性（ratione）、智慧或是任何其它可名的东西。因此倘若你看到这意志便是"不异"，你便会随之看到，它即是知性、智慧与秩序，并非任何异于它们的东西[7]。如是你看到，经由这意志，万有方才得以规定，得以造成，得以安排，得以强固与保全；你看到这蕴藏着智慧与权能的意志反照于寰宇之内，就如同图拉真的意志于他的柱石中反照出来那样。因为，既然图拉真意在向后世宣扬他的荣耀，而这荣耀唯有于感性的映像中才能展现给那些感性的存在者：向他们当下显露其荣耀乃是不可能的；所以他就由柱石来达成这件事情，以自己的名字为之命名。这柱石藉由他的意志而成为它所是的东西，且并非某种异于其意志的东西；纵然柱石绝非意志，但它却是从规定与规约它的意志那里领受了它之所是。然而，人们于此意志中认出智慧与秩序，它反照于得以顺利终结的战争之形象表现内；于这一作品的珍美之中——没有无能之辈能够实现它——图拉真的权能同样反照出来。

凭藉这种映像，你便可以自己看到，这为"不异"所称谓

第九章 论"不异"为宇宙始母

的万王之王[①]为了彰显自己的荣耀,以祂智慧而充满威能的意志创造了宇宙及其每一个部分;这意志于万有中产生了三重反照:亦即于存在中、认识中与追寻中(desiderabiliter)[8],正如我们于自己的灵魂那里所获悉的一样[9]。由此,它在此作为存在之本原而反照出来,灵魂由之而获得其存在;作为认识之本原而反照出来,灵魂的认识由之而生;作为追寻之本原而反照出来,追寻由之而获得了意愿。通过于此处对其三而一的本原进行观察,灵魂接近了它的荣光。

费迪南德:我无比真切地发现,事情正是如此;并且认识到,这自身即为"不异"的意志作为创化的善,为万有所渴盼与称名[10]。一切存在的万有,它们所渴盼的乃是何者呢?无非是(non aliud)存在;而那些有生命者呢?无非是生存下去;那些认识者呢?无非是去认识。因而万有都追寻那自"不异"而生的东西。然而,由于"不异"并不异于任何东西,它便为万有于最高尺度上作为存在之本原,作为保全的中介与止息的目标所追寻。

库萨:你对于"不异"的追寻处于正确的轨道上;万有正于这"不异"中散发着辉光。

---

① 中译者按:弟前 6:15:"在预定的时期使人看见这显现的,是那真福,惟一全能者,万王之王,万主之主",默 17:14:"他们要同羔羊交战,羔羊却要战胜他们,因为他是万主之主,万王之王";默 19:16:"在衣服上,即在盖他大腿的衣服上写着'万王之王,万主之主'的名号"。

注释

[1]库萨将宇宙视为无限的(Docta ign. II c. 1)。天主乃是一切可能性的实现,而世界则是可能之物的范围(Docta ign. II c. 1)。天主还是无限的,这是一种否定的无限性,也就是说祂在这个词的真正意义上与有限相对立:祂没有任何分际。与此相反,作为世界整体的宇宙所拥有的则是一种匮乏的无限性。人们可以一部分一部分地在其中进行选取,但却永远无法抵达终点。然而,它不会延伸到诸质料的无限整体之外。因此,根据视角的不同,宇宙同时是有限的与无限的(Docta ign. II c. 1 S. 64. 14 ff.)。否定的与匮乏的无限之间的区分是库萨从经院传统中借来的(参较 Alex. Hal. S. Th. I p. 1 inq. 1 tr. 2 q. 1 ed. Quaracchi Bd. 1 S. 56; Thomas De ver. q. 2 a. 2 ad 5)。经院哲学与普罗丁一道,将无限性的概念在完满性的意义上应用于天主,但同样也保留了亚里士多德主义的概念,它与无规定性具有相同的意义(在量与数那里便是如此;参较 Thomas S. c. g. I c. 43; S. Th. I q. 7 a. 1)。

匮乏的意义在库萨这里发生了转变。在托马斯那里,它是能够被规定的未被规定者(亚里士多德主义中的质料;参较 Metaph. Γ 4 1007 b);在库萨那里则是将万有把握于自身之中的不可被规定者(除天主之外)。有学者认为(R. Falckenberg, Grundzüge der Philosophie des Nicolaus Cusanus. Breslau 1880, S. 33),对于库萨而言,宇宙在某种流溢说泛神论的意义上乃是天主与万物之间的中介物。然而,宇宙在库萨眼中并非天主与受造物之间的某个中介环节,就像建基于斯多亚主义思想上的新柏拉图主义认为的那样(参较 Plotin Enn. III, 8, 10; VI, 6, 9; VI, 6, 15; Proklos in Parmen. 1045, 26; 1121, 14; 1212, 17),它仅仅在自然事物中才是现实的,仅仅按照存在的秩序才作为它们的前提而存在。天主经由宇宙的中介而是万物中的万有,而库萨由此则可以断言,宇宙于其所有部分中正是这个部分。关于库萨的宇宙理论,参较 E. Hoffmann, Das Universum des Nikolaus von Cues. Sitz.–Ber. der Heidelb. Ak. 1929/30。此外,尤宾格还在宇宙与世界(mundus)之间做了区分,而有学者正确地反驳了这一意见(Vansteenberghe, Le Cardinal... S. 318)。仅仅在《论天主之观照》第七章中,库萨才对宇宙与世界进行了区别,他在那里需要区别一种可实现的可能者(posse fieri)与已实现的可能者(posse factum)。宇宙在那里被看作世界所追寻的永远不被抵达的边界,但它

第九章 论"不异"为宇宙始母

仅仅作为世界才是现实的,后者保持为现实中的至大(maximum in actu)。

世界之于万物的关系,正如整体之于部分的关系,它不先于部分。正如《论有学识的无知》中在处理了作为万有之本原的天主后便开始着手研究作为受造物之总体的宇宙,而在这里也保留了相同的思想结构。正如在彼处那样,库萨现在尝试将整个宇宙从崭新的天主概念之中导出,并为之赋予新的表述。彼处所使用的概念是"至大",现在则是"不异"。彼处写道:就像人们在作为"一"之展开的数中只能找到统一性那样,在万物中也只能找到至大(Docta ign. II c. 3)同样的思想现在也为了"不异"而被阐明了。

[2] 存在者的阶层秩序这一思想,在前苏格拉底哲学中历经了一定的波动,自柏拉图起成为了所有学派的共同信念。它将存在者划分为一个仅仅拥有存在与机械运动的形体世界、一个以生命现象为特征因而被视作更富有灵魂的有机世界,与一个由有意识的灵魂性事物所组成的更高的世界。直到笛卡尔之后,这一划分才又变得重新流动起来,所作的划分时而有利于灵魂性存在,时而有利于质料性存在。柏拉图区分了运动、生命与灵魂(Soph. 248 E),亚里士多德那里也存在同样的区分。斯多亚派所认识的存在、生存、感知与理解的次第为斐洛所接受。普罗丁谈及不具有生命的形体、植物与动物灵魂以及人类灵魂(Enn. I, 6, 7: III, 8, 8; V, 4, 2; V, 6, 6; VI, 6, 8;参较Porphyrios bei Proklos, In Tim. 3. 68; Jamblich ebenda 3. 5 ff.; Theodoros v. Asine ebanda 2, 274, 23; 3, 64, 8; Proklos, Elem. Theol. prop. 101-3; 180: In Tim. III, 64, 8)。与此相应,伪狄奥尼修斯同样在无生命的形体、感性生物、知性与理智之间做了区分(De div. nom. VII, 1-2; V, 2; Cael. Hier. C. 4; Hermes Trismeg. I, 9, 12; XIII, 9)。阿维斯布隆的区分也是如此(形体实体、普遍灵魂、普遍理智。Fons vitae ed. Cl. Baeumker S. 111, 15-21),经院哲学亦复如是(参较Scottus Eriug. De div. nat. 3 PL 122, 621 B; Thomas, S. Th I q. 4 a. 2 c. und ad 4; S. c. g. I c. 28; Eckhart Exp. In evang. Iohann. 1, 3 Die deutschen und lateinischen Werke Bd. 3 S. 52; vgl. Pred. LXXXII S. 262, 29-36,他在那里区分了wesen, leben与bekanntnisse)。库萨于其著作中一再提到这种三分法(参较De ven. sap. c. 4; 6; 21)。在《眼镜》中,他通过钝角、直角与锐角的形象对其进行了直观表达。

[3] 哲学一直致力于研究天主的超越性,它试图以各种方式对其进行概念性的把握。柏拉图主义将柏拉图对善之理型作为理智事物领域之太阳的

想象——它高居于可感存在者之上，赋予它们存在——发展成了超越存在者或是"太一"。中世纪亚里士多德主义通过类比的图示来表述天主的超越性。最普遍的存在概念不能在其原初意义上应用于天主，而只能在类比的意义上加以使用。库萨处于新柏拉图主义传统的脉络中，而转而相信柏拉图主义的费迪南德在此完全是在传统的意义上，将对先于一切存在者的认识称为困难的。

[4] 形式之作为存在与认识的本原乃是古老的哲学传统之遗产。自亚里士多德开始，虽然尚不存在这里所使用的简短表达式，但其内容却已然成为了他的基本学说。某个对象的实体性存在，存在于其形式中（Met. Z 12 1038 a 26: 1033 b 17; 1056 a 5），我们根据形式而对每一个对象进行认识（Met. E 11 1037 a 29）。阿维斯布隆多次重复了类似的表述，认为形式给予了存在者其所是（Fons vitae. I, 13 S. 16, 17; IV, 10 S. 234, 13 Baeumker; 参较 Baeumkers Index rerum s. v. forma 2 d.）。托马斯也说："形式是某物之所是"（forma est quo aliquid est）（S. Th. I q. 76 a. 1 obi. 5; a. 7 c; S. c. g. II c.43; c. 54）。库萨也一再援引作为哲人们共同学说的相同信念（De dato patris lum. c. 2 fol. 194^r; De possest fol. 182^v; cod. Cus. 96 fol. 81ra adn. 124 Cusanus-Texte III, 1 S. 97）。

[5] 当我们阅读一句话的文本或是听闻其语词时，我们便看到一系列字母、听到一系列声响，但这句话的意义却只能为我们于精神之中把握，而字母与声响仅仅是这种包含新维度之认识的出发点。同样地，所有这些知性思想的辅助工具都作为支点而为我们服务，一种全新的精神性能力由此而介入，它超越于诸多知性的思想习惯之上。这种理智的精神性观照逾越了概念性的、能以语言交流的思想之范，把握了那些作为概念性可把握者之前提的对象。根据经院的著名定义而作为绝对缺乏规定者的质料是如此，无也是如此，而我们也必须以相同的方式寻找通往天主的道路，祂乃是超越于一切存在者之上的万有的终极根据。

[6] 在那种将世界看作神性本质之结果的理解面前，托马斯对基督教中天主自由创世的学说进行了捍卫（S. Th. I q. 11 a. 4）。与之相反对的观点中，首先是伪狄奥尼修斯的观点具有代表性：太阳光之放射的形象作为流溢学说的基础而获得了偏爱，这似乎使得某种自由意志的活动成为了不可能。在中世纪，特别是阿维斯布隆对这样一种观点进行了传播：创造在一定程度上乃是天主的自然产物。库萨发现，柏拉图与亚里士多德世界诞生理论的缺陷首先在于：他们未能关注到天主意志的自由活动（De beryllo c. 23 S.

29, 22 ff.)。单是为库萨所一再强调的天主的自由创造活动，便已经足够在一切流溢说泛神论的指控前保护他了。这样做似乎并非无意而为之：在将世界作为第一本原的逻辑展开后，对受造物及其概念性整合的问题被特意地引入了关于"不异"的整座思想大厦之中。

[7] 存在一种风险：从天主之中区分出天主的意志，可能会导致将某种二重性或区分引入到天主当中。为此，亚里士多德主义的经院哲学已然对天主中一切属性的统一性进行了强调（参较托马斯：S. Th. I q. 19 a. 1）。库萨接过了这一学说，并以自己的心理学对其进行支撑：诸种认识能力并非严格相分的，而是同一种灵魂性根基的活动，而知性与意志间的区分仅仅是某种表面现象，某种更深层的洞察会将二者把握为统一的："天主的法则只是天主之精神的表达，即便它作为其意志的表达而呈现在我们眼前"（Beryll c. 29 S. 38, 20 f.）。因此，不需要额外的证据来证明诸种能力于天主中的统一性。正如立法者的意志与认识于法律之中表现出来那样，天主的意志与认识也在世界中表达出来，二者乃是同一的。

[8] 参较《论心灵》（De mente）第十三章。对于库萨而言，天主永远是三位一体，而祂的作品也是三位一体的作品。在同一段落中给出的吹玻璃者的类比也十分吸引人。

[9] 库萨将灵魂诸功能之统一性诉诸直接的自身经验——据此，我们的灵魂生命按照其存在而言乃是认识与追寻。《古兰经筛选》（Cribratio Alkorani）中也有类似的表达（II, 2）："因此，倘若理型、知识与意志从属于同一个理智的本质与自然，而能力与知识也由理型中被生出"（Deutsche Übers S. 184）。在此也进行了与天主的类比；参较前注。

[10] 天主的善乃是创造行为的动机。库萨于第十四章中引用了伪狄奥尼修斯的两个段落，并于第十六章中做了总结："既然那为万有所渴盼的东西，乃是出于善的缘故而被渴盼的，那个A——万有离了它便要坏灭——便被理所应当地称作善了。梅瑟有言，造物者之所以要去造出万有，是因为祂见万有是好的。因此，倘若万物的本原乃是善，那么事实上，它们便无不是就其善而言才存在的。正如善之不异于美——如狄奥尼修斯所言，它也不异于一切实存的万有；然而，这是它由A那里取得的。职是之故，A便于其中明澈无比地反照出来。因而当A于某物中得以最清楚的反照时，这物就不唯是善的，而亦且被称作是善的了。"

第十章　论万物分有"不异"

费迪南德：有些神学家称，受造物不异于对天主的分有[1]。我十分冀望听闻您对此的看法。

库萨：首先你看到，"不异"乃是不可名的，这是由于没有名称触及它的缘故，因为它先于万有。尽管如此，每种名称都是凭着对它的分有而成其所是的。它因此而被称为那绝对不可名者。由此，它乃是作为不可分有者而于万有中被分有的。存在一些仅仅是模糊地分有"不异"的东西，因为它们是含混而一般地分有它的；还存在一些更为合乎种类地、乃至最为合乎种类地分有它的东西；就像在灵魂的生命那里，一些肢体模糊地，另一些更清晰地，还有一些最为合乎种类地分有它那样，而灵魂的诸般力量对理智认识的分有，亦是或清晰、或模糊。而那些更少地异于差异者的受造物，譬如纯粹的理智认识，也就于更大程度上分有它；反之，那些更多地异于差异者的受造物，譬如无法同时存在于同一个位置上的纯粹形体性事物，便要更少地分有其不异于差异者的本性了[2]。

费迪南德：我看到，事情正如您所言；然而我请求您再不

第十章 论万物分有"不异"

厌其烦地补充两句：事物的诸本性乃是不朽的，这话以何种方式被看作是真实的呢[3]？

库萨：首先，你对于这个论断并无迟疑："不异"自身乃是不朽的。假若它要朽坏，它便会朽坏为一个差异者；一旦差异者被设定，"不异"便也被一同设定了。由此可知，它乃是不会朽坏的。

进一步说，可以确定的是，"不异"规定了其自身与万有。一切事物的本性因而唯有作为"不异"的诸本性方能存在。那么，既然"不异"处于它们之内，只要它维持下去，这些本性又要如何朽坏呢？就像这"不异"先于诸本性与一切可名之物那样，诸本性也先于变化与流转的可能性，它们植根于可变的质料中[4]。职是之故，"不异"并非本性，而被称作诸本性之本性；因为它乃是诸本性之中的本性[5]。

宗徒说道："那看得见的，原是暂时的；那看不见的，才是永远的。"[6]质料性的东西乃是那些经由某种感官而被觉知到的，它依照质料的本性，无有定势，无有常形；然而，那些不能以感性方式而得见，但却仍然存在的东西，是不能于时间中被观看的——它们乃是永恒的。当你于某个差异者中观看到本性，譬如于苏格拉底中观看到人性时，你是于差异者中见到了差异性的本性，从而认为，它于有朽的苏格拉底中偶然（per accidens）是有朽的。可是倘若你在"不异"中与差异者相分离地观看它，亦即按照这你于其中观看它的本性，那么你便会将之认作不朽的了。

费迪南德：您仿佛将那为"不异"所先于、而为差异者所后于的本性，称作理型（ideam）或种类（speciem）[7]。

库萨：柏拉图便是如此看待先于物而后于天主之诸范本（exemplaria）的[8]；这是由于物的本质规定性先行于物，因为物是由之而成的。然而，物的多样性要求多样的本质规定性，它们必要后于那源头而生成——按照柏拉图的观点，它们便从那源头中流溢出来。因为"不异"作为万物之所以如其所是的、全然合宜之原因而先于万物，但却无法被增多；所以它便是万物那先于差异者、数字与复多的本质规定性。此一本质规定性乃是不可数的，它依照那些分有它的事物而被计数。

费迪南德：您似乎断言，所谓事物的诸多本性并不存在，存在的毋宁说只是您将其把握为本质规定性的唯一本质罢了[9]。

库萨：你知晓，无论"一"、本性、理型、形式、范本或是种类，都无法触及"不异"。故而，当我以观看其本性的方式观察万物时——因为万物是凭藉它们而存在的，倘若我先行经由理智思想而观察它们的话，我便断言：它们始终是差异者。而如若我超越于理智思想而于差异者之先观照它们，那么我便不会始终看到差异的诸本性，而会看到那不异于诸本性之单纯本质规定性的东西，而这些本性正是我于万物中所观察到的。我将之呼作"不异"或诸本性之本性，因为它乃是那于一切本性中被认出的东西。

费迪南德：因此，您才将诸本性称作唯一的本性。亚里士多德是不会允许这种说法的，以免导致某种向无限者的过渡——这会令人们永世无法抵达那在首者，还会使得一切知识荡然无存[10]。

第十章 论万物分有"不异"

库萨：就量为心灵所把握这一点而言，亚里士多德是言之成理的：人们无法抵达无限者。因此他排除掉了此种可能。然而，无限者先于量和一切差异者，它乃是万物之中的万有——亚里士多德并不拒斥这一点，而是将万有溯回到它那里去，就如它们自第一推动者而产生那样：他发觉它具有无限的大能。他还看到，这大能被分有于一切万有之中；而我便将此无限者称作"不异"。由此，"不异"乃是诸形式之形式或单一形式之形式，乃是种类之种类与终末之终末；这以同样的方式适用于一切万有[11]，而无需人们朝向无限者再进一步——因为他们已然抵达那规定着万有的无限者之处所了。

注释

[1] 由此，这一经由对作为天主之自由意志行动的创世之追问而引入的问题，现在得到了直接的处理。温克已经针对《论有学识的无知》中对世界与天主之关系的说明进行了反驳，声称假若天主自身便是万物中的万有，那么祂就不能由无中造出世界了。对世界与天主之关系经由折叠与外展的概念而进行说明的做法，在温克看来，会将世界的创造排除掉（Vannsteenberghe, Le De ign. litt. S. 29, 20ff.）。库萨的确将天主确立为折叠的（complicite）万有，而世界则是外展的（explicite）。二者都是库萨从伪狄奥尼修斯那里借来的概念（对此参较Ludwig Baur, Cusanus-Texte III Marginalien S. 61 und Randbemerkung 14 und 84 Baur S. 94 und 96），它们是库萨对柏拉图主义事物分有理型这一学说的说明。

在《辩护》中（S. 28, 18–23），库萨为了反对温克而援引了伪狄奥尼修斯；根据后者的观点（De div. nom. I, 7 PG 3, 596 C），既然天主是赋予万有实体、本原与支撑的权能，那么正如一切名称都能够被给予祂那样，"无名"也可以。正因为天主是万物的折叠，库萨得出结论道，所以祂于创造活动中展开了天与地；他由此将创造者与展开者两个名称视作等同的。理所当然地，库萨于直接先于《辩护》的那部作品中格外详尽地对这一问题进行了处理（参较《论创世》，特别是 fol. 71ᵛ–73ᵛ）。他在那里十分喜欢使用导师之教诲的形象来表现天主的创造。而在《为主之子》中，他明确使用了分有的概念来说明天主之本原于创世过程中的展开（Bd. 3 dieser Reihe, Vom verborgenen Gott übers. v. E. Bohnenstädt S. 97）。

[2] 新柏拉图主义的流溢说认为，诸对象是逐级从"太一"中涌流出来的。首先出现的是纯粹理智性的事物，由它们之中流溢出灵魂，再下降到植物性与有形的对象，最终下降到纯粹的质料。太阳放光与阴影的类比一再被用于描述这一动态流溢的过程。现在，库萨虽然借用了这一层级性的流溢概念，并使得一切受造物直接由天主的创造之手中产生，但古老的层级秩序在他那里仅仅在如下程度上是有效的：天主的单纯性在各个层级之对象中反照入不同的阴影中。

[3] 对于万物的本质是不可摧毁的这一论断，库萨在其它地方将之追溯到伪狄奥尼修斯（Docta ign. I c. 17 S. 33, 15 ff.; De mente c. 6 S. 72, 4 ff.; Predigt 67 fol. 64ʳ; Predigt 227 fol. 133ᵛ; De ludo globi I fol. 156ᵛ）。对柏拉图而言，不可变的永恒事物的世界与可见与可变事物的世界相对而立（Symp. 211 A; Staat 485 B）。亚里士多德将动变解释为形式的变化，复合物于其中改变了自身，但形式本身并未随物的消逝而一道消失。因此，在《形而上学》中，他对自己于自然科学中对动变的研究之结果做了总结（Metaph. H 3 1043 b 16–18）。亚里士多德主义的经院哲学因而也坚持了这一原理：形式就其自身而言是不变的。形式唯有经由偶性而发生改变，要么为另一种形式所替代，要么使得复合物崩解。

[4] 作为诸形式之形式的"不异"经由其自身的不变性而为诸形式的不变性奠定了基础。差异性并非本质的组成部分，虽然诸本质因为彼此之间的区别而分有了差异性（De ludo globi fol. 165ʳ）。因此，天主并未创造差异性，而仅仅于其积极的内容中创造了不同的形式，而这种内容必然与差异性相伴而行，因为一种形式不可能是另一种形式。

[5] 我无法确定库萨是从哪里借来"本质之本质"这一概念的。从内容上讲，这一表述在新柏拉图主义传统那里呼之欲出，它将天主视作一切受造物的最普遍之存在形式。当阿维斯布隆对第一或曰普遍形式（forma

prima, forma universalis）进行描述，说它是一切形式那里建构性的本质元素（Descriptio formae universalis est quod est substantia constituens essentiam omnium formarum, Fons vitae V, 22 ed. Cl. Baeumker S. 298, 18），并声称所有形式于其中都是统一的时（III, 26 S. 142, 25; c. 34 S. 159, 3），这已经非常接近库萨的表述了。而当罗伯特·格罗斯泰斯特（Robert Grosseteste）在一部著作中对"天主是第一形式与万有之形式"（Deus est prima forma et forma omnium）这一命题进行捍卫时，他与库萨之间的距离甚至更近（De unica forma omnium hersg. von L. Baur, Die philosophischen Werke des Robert Grosseteste. Beitr. zur Gesch. d. Phil. des Mittelalt. Bd. 9 S. 106—111）。

经由新柏拉图主义-新毕达哥拉斯主义思辨，诸形式之形式或诸本质之本质的概念已然呼之欲出。库萨于《论有学识的无知》中已然使用了这一说法（I c. 16 S. 32, 3; I c. 23 S. 46, 20; 参较 II c. 2 S. 68, 10）。同样的表达再次出现于《辩护》中（S. 26, 5）。在1456年的主显节讲道（Ubi est）中，它作为对埃克哈特大师"天主在万有中而不在任何一个之中"这一原理的评注而出现（n. 16 S. 100 Koch; 参较 Eckhart In Ioh. n. 206）。另参较如 De possest fol. 176^r。

出于这种表述的缘故，温克将库萨归入了共相论者的行列，指责他将天主弄成了抽象的存在（De ign. litt. S. 26）。这种尝试至少是容易理解的：既然天主并非有规定的存在，就像个别的受造物那样，而是存在者本身，那么当人们于祂之中看到了最普遍因而也是最抽象的存在，并将最普遍的存在者（ens generalissimum）这一概念运用于祂之上时，这便不足为奇了。托马斯于其处女作中就已经对这种理解进行了反驳（De ente et essentia c. 6）。库萨站在了温克这一反驳的对立面，与埃克哈特大师一道将其表述追溯至奥古斯丁（Apol. S. 25, 13 ff.）。库萨相信，他的理解也会获得亚里士多德的赞同（cod. Cus. 96 fol. 83ra; 83rb adn. 139 und 141 Baur S. 98）。他因而是完全在新柏拉图主义的意义上对亚里士多德进行理解的，将天主看成事物的现实性，因而也就是诸形式之形式（参较 De dato patris luminum c. 2 fol. 194^r; Docta ign. II c. 2 S. 67, 7 f.）。

［6］格后4:18。这一理解与柏拉图主义的理解相一致；根据后者，可见之物的世界是有朽的，而不可见事物的世界——它被等同于思想性事物的

世界——则是不朽与不变的。这种将不可见之物与仅仅能于思想中被把握之物划等的做法在对原子论的批判中分外显眼，它位于柏拉图关于善的晚年讲座中。相关的证据在彼处得以给出：形体的终极制造材料不再是可见的，而是可思想的（Paul Wilpert, Neue Fragmente aus Περὶ τἀγαθοῦ. Hermes 76 1941 S. 247）。

［7］库萨将天主称作诸本质之本质。由此显而易见，他承认在天主与个体事物之间尚存在着作为中间环节的本质。最后几句话谈到了诸本质的质料性外衣，从而进一步增强了这种印象。人们可以完全在柏拉图主义的意义上理解库萨所选取的例子，就好像库萨如十二世纪的新毕达哥拉斯主义者一般，代表了某种极端的共相实在论那样（参较 Berndard v. Chartres, Clarembaldus usw.）。费迪南德的问题给予了枢机主教澄清这一误解的机会。

［8］参较柏拉图：Tim. 28 a–29；Theaet. 176 E。

［9］在对上述误解——在柏拉图主义与新柏拉图主义的意义上在天主与受造物间作为中介的形式——加以澄清后，库萨现在还要拒绝另一个极端。天主并不是万物的唯一形式。"本质之本质"这一表述说明了"天主是万物中的万有"这一原理，而这一原理又必须受到如下限定：天主不与万物中的任何一个相同一。天主作为原因的内在性必须以对天主之超越性的认识相伴而行。

［10］参较与本文观点相近的著作《论本原》中的有关论述（De principio n. 12 fol. 8ʳ）。在下文中，库萨对这一事实进行了讨论：亚里士多德没有允许本原之本原的存在，其理由在于，倘若这种东西存在，那么知识就没有确定的出发点了。事实上，亚里士多德始终在与某种通向无限的道路进行斗争，认为不论是对知识还是存在而言，都需要有某个在首者存在（参较 Anal. Post. A c. 22 83 b 5; 82 b 39; A c. 3 72 b 10 ff; Met. B 2 994 b 30）。费迪南德在此从亚里士多德要求中推出了对本质之本质的否定。毋庸置疑，他正确地复现了亚里士多德的理解。

然而，库萨对亚里士多德的设想有所不同。他清楚亚里士多德拒绝了无穷倒退，因而在晚些时候批评道，他没有对本原之本原加以认可，并由此而阻塞了通向对立面之重合的道路。然而，既然亚里士多德将神规定为纯粹活动，规定为现实的无限者与第一推动者，那么他便相信，能够将他在天主作为形式之形式这一方面将其引为同道。我们必须一直对此有所意识：库萨首先是从新柏拉图主义传统中认识亚里士多德的,而这一传统对他思想中的各种开端都进行了多层次的发展。我们不应该忘记,亚里士多德曾经是柏拉图的学生,在他的著作中可以看到柏拉图主义思想的许多元素。发展史的视角使我们在今天能够将这些柏拉图主义思想中的一部分作为亚里士多德早期的足迹来加以说明,这对于过去的人而言则是陌生的。经院哲学中的亚里士多德便是一位在很大程度上与新柏拉图主义混合起来的亚里士多德。

［11］参较《论本原》: De principio n. 21 fol. 9^r。

第十一章 论实体与偶性

费迪南德：英迈绝伦的教士啊，我想要您以某种映像将我引向对所言之物的观照，由此我便能更充分地了知那为您所意欲的了[1]。

库萨：乐意之至。你可有见到那透着微红的璀璨珍宝，也就是那百姓惯于称作红宝石的东西？你可知现在，于这夜晚的第三个钟头、于这昏昧无光的时分与漆黑一片的处所，烛火并非什么必需品，因为光就在这宝石之中[2]？倘使这光要扩散出去，它便经由石头来做成这事，因为它于自身之内是不为感官所见的；若非如此，它便永远无法与感官相遇，因此也就无法被感知；因为感官不认识那不与它相遇的东西。职是之故，那闪烁于石中的光便传向那眼中的光[3]，它自那石中而成了可见的。然而我想到，这一颗宝石放光更多，那一颗放光却少；这放光更强更多的，也就更完满；而那放光更弱更少的，也就更微贱。我就此认识到，宝石珍贵的尺度在于光耀的强度，而非体量的大小；除非那体量更大的，放光也更多。因此，我不将尺寸的量看作是宝石的本质规定性——小的宝石与大的宝石

第十一章 论实体与偶性

同样是宝石。我由此认出，宝石的实体要先于那或大或小的躯壳。对于色彩、形态与其余偶性而言，情形亦复如是。以此之故，一切我经由观看、接触与想象而从宝石中触及的东西，皆非宝石之本性，而是其余那些偶发于宝石那里的东西；为了成为可感的，宝石乃于此中放出光芒，因为它离开它们便不再是可感的了。

因此，那个先于诸偶性的实体，不具有属于诸偶性的任何东西，但诸偶性却从它那里拥有一切，因为它们乃是实体性辉光的偶性、阴影或形象。此种宝石的实体性之辉光因而更清晰地现示于某种更明朗的光华之闪耀中——以某种更切近的相似性[4]。然而，这珍宝、这红宝石的色彩，亦即红色，无非是这实体性辉光的限界；它并非实体本身，而是实体的某种相似性，因为它乃是外在的或是感性的。由此，这先于色彩与一切可于感性及想象中被把握之偶性的实体性辉光，乃是更为内在的；它与宝石更为邻近，且对于感官不可见。然而，它能够经由先行将之分离而出的理智而被认识。理智全然看出，宝石的实体不异于宝石的实体，而它相对于一切并非宝石之物的实体而言，则是有所差异的。它于种类纷纭的诸多差异性效能中获知此事，这些效能跟随于宝石之实体的力量，而非跟随于任何某种别的事物。故而，由于理智将宝石不可见的实体性辉光视作某种差异者，将磁铁的实体视作另一种实体性且不可见的光，将日头的实体视作另一种，将狮子的实体视作又另一种，如此云云；它便将一切可见之物中的实体性辉光视作各个相异的差异者，并看出理智之物先于一切可感之物——因为那人们先于偶性而看见的实体，唯有凭着仅只观看理智之物的理智思想才能被把握。

现在，当心灵愈发敏锐地洞入宇宙及其各个部分之中时，人们便看到：正如宝石的实体与它的量并不是经由色彩、硬度与其它东西而相异的，因为它们都是它的偶性，而实体于它们之中便是其所是的一切，虽然它自身既非量，亦非质，亦非诸偶性当中的任何一个，而是作为它自己而居于它们之中，无论它们是何种差异者——因为作为偶性，一种差异者是量，另一种差异者则是质，如此云云。以此方式，我必然地看出，因为宝石的、磁铁的、人类的、日头的实体都是某种差异者，"不异"必然先于所有这些彼此相异的实体。它对于存在的一切万有而言，并非某种相异者，而是万物之中的万有，亦即那于万物之中作为实体的东西。传福音者若望如是将天主称作先于一切差异者，亦即一切黑暗的光，因为他断言天主乃是那其中绝无纤毫黑暗的光①。因此，设若你将那"不异"所是的东西称作光，那么诸受造物也就是属于黑暗的差异者了。心灵如此这般地，凌迈于个别之物那里可理解的、实体性的光，将那光的本原认作"不异"，因为它不异于诸多个别的实体。

注释

［1］库萨很喜欢使用图像来使得他的学说显得直观。正如他哲学的

---

① 中译者按：若一 1:5："天主是光，在他内没有一点黑暗。"

第十一章 论实体与偶性

基本思想认为人们只能隐约理解不可言说之物那样，他乐于使用图像来使得非感性的关系变得直观易懂。他将一整篇著作以《眼镜》命名；它应当成为那眼镜，我们希望藉着它的帮助而抵达天主之观照。库萨与普罗丁一道，满怀爱意地以火炉、源头活水、根系与支柱等等图像来赞颂神的统一性（De ludo globi II fol. 164^v; De coniect. I, 7 fol. 43^r; De ven. sap. c. 27; Cribr. Alch. II. 9 fol. 136^r; vgl. Plotin Enn. III, 8, 10; V, 4, 2; VI, 6, 9; VI, 6, 5）。他尤其喜爱使用数学的类比。

[2] 新柏拉图主义教诲说，每个形体之内都包含着光，因为形式即是光（关于光照形而上学，参较第三章德译注 [1]）。然而，如下这一看法曾是十分普遍的：宝石为自身之内隐藏着光，而它的闪烁便要归功于这光的放射（如：Proklos In rempubl. II S. 157, 1-2 Kroll）。当人们已然普遍认为，一件事物所蕴含的光越多，它也就余越宝贵时，那么光也就成为了衡量宝石之价值的标尺（参较 Bonabentura II sent. d. 14 p. 2 a. 2 q. 1 S. 359 a）。

[3] 许多古人都相信，眼睛的本性是火。伊奥尼亚派自然研究者们将这一信念奠基于如下的事实之上：眼睛发亮，并在按压刺激它时产生某种光感作为应答（参较 Odyssee 19, 446; Alkmaion Fragment 84 A 5 Diels; Pythagoras bei Diog. Laert. 8, 29; Empedokles A 86; B 84-85 Diels; Platon Tim. 45 B）。由此，观看便被理解为对环境的主动把捉，并经由视线的外放而得以说明——这些视线在一定程度上探测到了对象（参较 Platon Tim. 45; Plutarch Quaest. conv. 1, 8, 4 626 cd; Stoic. vet. Fragm. 2, 866; 869 Arnim）。

然而，一些整体上属于柏拉图主义的思想者却是在亚里士多德的意义上理解观看行为的。根据这种理解，观看乃是被动的过程。眼睛的透明实体存在于角膜与视神经之间，它就像眼睛之外的透明事物那样，可以令光通过（参较 Aristoteles De an. 2, 7; 3, 17; De sensu et sens. 2 u. 3; Alex. Aphrod. De anima mantissa 141, 30-50 Bruns; P. Wilpert, Reallexikor für Antike und Christentum s. v. Auge col. 958; Witelo, Perspectiva S. 129, 18 ff. Baeumker，他明确反对"柏拉图主义者"们的理论）。与亚里士多德主义的理解相反，库萨代表了柏拉图主义的立场。我们所处的位置在字面上几乎与《九章集》一模一样：Enn. V. 5, 7。

[4] 根据新柏拉图主义的光照形而上学，一切事物都在其包含光的程

度上拥有现实性。这一植根于普罗丁与普罗克洛斯那里的学说——它是流溢理论合乎逻辑的结果——在中世纪新柏拉图主义那里获得了公理性的力量。根据分有光的程度,对象被划分入存在者的诸多级次之中;它们所包含的光越多,也就越尊贵,因而也就越是*存在的*(Bonaventura II sent. d. 13 a. 2 q. 2 S. 321 a; 320 b; II sent. d. 2 a. 1 q. 1 f. 3 S. 71 a; d. 14 p. 2 a. 2 q. 1 S. 359 a; vgl. Albert De caus. et proc. Univ. I tr. 4 c. 5 Bd. 10 S. 419 a Borgnet)。中世纪对于存在者之层级秩序的信念有多强,可以通过唯名论者奥特雷科特的库萨(Nikolaus von Autrecourt)的说法中展现出来(参较 Denifle-Chatelain, Chartularium Univ. Parisiensis II n. 1124 S. 544, zitiert bei Baeumker, Witelo S. 427 Anm. 1)。

第十二章　论质料之为潜能

费迪南德：我以为，自己已然理解了您。不过，为了检验这一点，请您向我言明这件事吧：您不承认，这小颗的宝石乃是某种异于那颗大宝石的东西么[1]？

库萨：我何以不承认呢？

费迪南德：既然两颗宝石都存在，那么这一颗的实体与那另一颗的仿佛便无所差异了；这样一来，它们又如何成了彼此相异的呢？

库萨：你所注目的乃是那绝对的实体，它无法于凭藉它而获得了其实体的诸般差异者中作为差异者而存在。然而，为了成为可感的实体，它便必不可少地需要那种能够被制成实体的质料；若离了这质料，它便无法实体化——若是离开感性存在的质料之可能性，它又如何能被实体化呢？因为那颗宝石由此乃是与这颗相异的，所以此事必然是由某种存在之可能性而发生的；它于此处异于彼处。因此，既然感性质料之于感性实体是必要的，那么实体性的质料便会存在于感性事物中；由此，相应于在每一种宝石中都有所差异的实体性质料，也就产生了两种宝石间的实体性差异。然而，就这种可为理智所理解的实体而言——它作为可能与感性之实体的存在形式而被理解，两种宝石间并无相异之处[2]。

费迪南德：因此，对于任何一种红宝石的任何一种实体而言，这红宝石的实体都并非某种相异之物，而其外在偶性则是作为结果跟随于它的——当它乃是感性与质料性的时候。

库萨：你理解得非常到位。于不同的宝石中存在着不异于任何一种宝石的实体，即便它因为其实体的可能性与由此到来的偶性之差异，仍然不是这些宝石中任何一种的实体。职是之故，那为理智思想所分开来观看的第一实体，乃是种类的实体或形式。另一种被称作感性实体的实体，则是经由第一实体与种类性（specificabilem）的质料而形成并具有其种类（specificata）的。

费迪南德：这再清楚不过了。但您没有看到，这"不异"与差异性的诸可理解之实体处于同样的关系中么？

库萨：我确然看到了。

费迪南德：那么这一个宇宙不会像它一样成为一颗宝石么？

库萨：何以见得呢？

费迪南德：因为它的实体并不异于其任何一个部分的实体，譬方说，它的实体并不异于宝石的或是人类的实体，正如人类的实体也不异于他手掌的实体一样，纵然他不是手掌，而这手掌乃是另一种实体。

库萨：由此得出什么呢？

费迪南德：事实上，得出了某种荒谬的东西！因为这会导致"不异"既是宇宙的实体,又同时是宇宙自身;但在我看来,这乃是不可能的,因为我是先于宇宙与差异者而观察"不异"的。然而,我以为宇宙则是某种全然差异性的东西。

库萨:你并未误入歧途或是产生错觉,费迪南德。因为既然万有无不是朝向天主或者说"不异",而非朝向差异者被安排的,那么便不宜认为,宇宙仿佛便是自身的目的;否则天主便要是宇宙了。然而,因为宇宙中的全体事物皆是朝向其本原而被安排的——它们经由这安排妥当的秩序而显现出,自己是来自于天主的——那么它们便是朝向作为诸秩序之秩序的天主而于万有中被安排的了;祂安排万有,以至于这"不异",或者说诸秩序之秩序,得以于朝向它而被安排的诸事物之完满性中,愈加完满地反照出来。

注释

[1]费迪南德的问题所触及的难点,在每种一元论体系中都存在。库萨已然将量,正如所有偶性那样,解释为实体性形式的效能。然而,敏锐的对话伙伴不会这么轻易地放过他。倘若实体于所有同种类的对象中都是同一个,那么其量的差异性要如何解释呢?对这一难题的解决只能在某种对一元论本原学说的突破中才能找到。在实体性形式之外,还出现了实体性的质料,它现在是作为差异性的根据而登场的,而实体性形式则是形成统一性的要素。然而这样一来,到目前为止所确定的原理——实体乃是一切偶性的原因,它经由这些偶性而变得可见,于它们之中感性地表现出来——也就被抽去了基础;当然,这一结果并没有被得出。

[2]在这里起基础性作用的、将质料看作个体性之本原的学说乃是一条普遍的柏拉图-亚里士多德主义原理。我们在此不需要对这一观点内

部更细微的差异进行深入研究。关于这一学说的意义和柏拉图与亚里士多德之间的关系，参较Cl. Baeumker, Das Problem der Materie in der griech. Philosophie. Münster 1890 S. 281–291。那里已经对这些难点有所指出，它们依附于在整个亚里士多德体系中作为个体化本原的质料之概念，而在某种一元论体系那里，还要加上更多的难点，它们隐藏于由第一本原推导出质料的过程中（参较前注）。

实体性形式并未经由分有它的事物之复多性而增多。这个在柏拉图主义体系中——它研究摹本与摹仿——很好理解的原理同样适用于亚里士多德主义。虽然实体性形式只有作为在个别事物中具体化了的本质才拥有当下的存在，类与种的形式之统一性却得到了保留。库萨——他在共相问题上与亚里士多德及亚里士多德主义学派站在一起，乃是温和的实在论者——明确断言人性在更多的人类个体中并不会增多（De ven. sap. c. 23; vgl. Docta ign. II c. 4）。

第十三章　总括前章论旨

费迪南德：现在，我拟对已然理解的东西做一总括：于诸宝石的多样性中，理智思想认出了某种使之归属于其种类的东西。纵使它作为种类的生成者（specificans）而被包蕴于一切宝石中，人们仍旧将之先于众多宝石而认作"不异"的相似性之形象。它使得每一颗宝石都作为宝石而存在，因而是每一颗宝石中内在的与实体性的本原；一旦离开它，宝石便无法再如其所是地持存下去了。

此一按种类进行规定的本原，将宝石可被规定为种类的存在之可能性规定为种类，并赋予此种可能性以现实的存在——当它令得宝石的存在之潜能（posse esse）经由其现实性而成为现实之存在时；当我们将混乱无序的存在之可能性阐明为，经由这规定种类的效能活动而被规定的与被形成为种类的时。而彼时，您便于个别的宝石中，将您方才以理智加以分离地观看的东西，看作可能性的现实性，因为它事实上乃是一颗宝石；正如某人对冰加以观察与思索时那样，这冰早些时候曾是潺潺的溪流，而他现在却将之看作致密与坚实的冰了。当他为此而对原因进行观察时，他会发现，这个为他以理智分离地观看的寒冷，乃是存在的某个种类，它将所有溪流的质料凝结、压制成致密与坚实的冰，以至于每条河流因为其产生着效能之原因的在场而于现实中成为了冰，只要它受其阻遏而无法继续涌流的话。纵然人们无法觅见分离于寒冷之物的寒冷，理智却将其看作那先于寒冷之物的原因，并认出，可变冷的东西于其中经由寒冷而成为了现实地寒冷的东西，而冰、霜、雹等等依可变冷之物之差异性而有的现象都是以此方式产生，并为人所觅见的。然而，由于可变冷的质料也是可变暖的，这于其它方面在自身内并不朽坏的寒冷，出于这它一旦离开便无法再于现实中被觅见的质料之缘故，便可以通过偶性而陷于朽坏的境地——就在这质料作为可变暖者而为温暖所改变时。我以为，您便是亲自向我如是宣说的。

我对于此事也有了理解：偶性是如何跟随于种类性的诸实体的。正如存在着跟随于一块冰或另一块冰的偶性，也同样存在着跟随于雪、霜、雹、水晶或某颗顽石的偶性。由这些开放与广泛的自然之杰作中，我充分清晰地觉察到，那些更深层次的偶性也并不例外，如您所简要总结的那样；亦即，那些种类性的形式与成为了实体的分离的形式都为理智思想所观察，并以如前所述的方式，于成为了种类与实体的诸多事物中被触及。然而，经由相似性，我得以由诸多感性实体中超拔到理智实体那里去。

库萨：我见到了，你是如何凭藉自然中无比合宜的譬方而清楚地阐明我的构想的，并为此感到欣悦；藉助于此种观察方式,你将洞悉一切万有。些许热量不足以像融化冰那样使得水晶消融,因为令事物冻结的寒冷战胜了被冻结之水的流动性;这全然显示出,形式是如何将质料的所有流变性置入现实中的,就像在天穹中那样,它并不为那朽性所追随。由此,显而易见,有朽性于理智认识那里乃是不可能的;前者存在于感性事物中,后者则同相宜于变化的质料相分离。

由于在理智认识者那里,温暖并不改变理智,令它也随之变暖——就像在感性认识者那里对感官加以改变那样,那么如下这便十分显明了:理智思想并非质料性的或可变的东西;因为于理智思想中,以可变性为其特征的感性事物,乃是以理智而非感性的方式存在的。当你带着强烈的关注考虑到,理智思想先于感性而存在,并由此对于任何感官皆不可触及时,你便会于理智思想中先行觅见一切存在于感性中的东西。我说的乃是"先行"二字,亦即经由非感性的方式。正如寒冷存在于理智思想中,寒冷之物存在于感性中,而思想中的寒冷乃是先行朝向那可感之寒冷的;因为寒冷不被感知而被思想,而寒冷之物则被感知。与此相仿,那于感性领域中被觅见的,不是温暖,而是温暖之物;不是水,而是含水之物;不是火焰,而是燃着之物。

这以类似的方式适用于所有复合之物,因为这样一种由可思世界而来的单纯之物,要先于一切归属于可感世界的东西。而"不异"自身,作为可思之单纯性的单纯性,复又先于各不相同的可思之物;由此,人们从未将"不异"于自身中加以理解,而是于单纯之物中单纯地理解它,于复合之物中则复合地理解它。这些东西，乃是我所谓从属于它的"不异之物"（non aliata）；"不异"自身并非异于它们的某种东西。我由此看到，对于那些在感性领域中被觅见的被感知之物而言，某种从属于它们的、被思想的单纯之物是如何先于它们的；而那被称作"不异"的本原，也并未更少地先于一切在理智思想之领域中被觅见的东西。自然，对于那被思想的冰而言，其原因要先于它自身：是这原因将之规定为某种不异于寒冷的东西。职是之故，正如理智思想凭藉那被思想的寒冷而对一切感性的寒冷之物进行思想，但却不会使自身被改变或是成为冷的那样，"不异"也是如此这般地经由其自身，或是经由"不异"，而使得一切理智存在物不异于它之所是的，无需变化自身，或是令自身成为有异的。正如感性的寒冷之物并非被思想的寒冷，尽管它与那寒冷全然不异那样；被思想的寒冷也并非第一本原，尽管这第一本原，也就是"不异"，并不异于它。

第十四章　狄奥尼修斯文选

费迪南德：首先，我无比清晰地观察到，一切无不如您所言。我进一步发觉，"不异"作为本原而非常清晰地反照于理智之物中，因为它们尽管自身不是感性的，却并非任何异于感性之物的东西。如您所言，寒冷不异于寒冷之物；当人们将寒冷抽掉时，寒冷之物也将不复存在，而人们也就无法思想它的存在了。理智思想之于感性的关系亦复如是。我看到，一切行动着的东西都产生某种相似者，因为它之所是的一切，都是由"不异"那里获得的。由此之故，温暖寻求加热，而寒冷寻求降温；一切万有悉皆如此。就当下而言，这些东西已然足够了！然而，我请求您践履您的承诺，由这开端出发，将我尽可能简短地引向那位伟大的神学家——狄奥尼修斯与其他人之中吧。

库萨：我会尝试以尽可能简短的形式满足你的愿望的。狄奥尼修斯，诸多神学家中至为伟大的一位，预设了如下的前提：除非凭藉诸感性形式之引领，否则人类是不可能上升到属灵的理智认识那里去的[1]；因此，他将譬如说可见的美视为不可见的至美之形象。他由此将感性事物称作理智之物的相似性或形象[2]，并宣称天主作为本原而先于一切理智之物。他知晓，天主并非可被知晓或把握之万有中的任何一个（nihil）[3]。职是之故，他相信，人们关于祂——他们称其为万有之存在——所能获知的，唯有祂先于全部理智思想这一点而已。

费迪南德：倘若您不会因此而劳神费力的话，请与我讲些他的高言吧。

库萨：诸位译者凭藉风格迥异的方式，将他的言论以拉丁语复述出来[4]。我将会由嘉玛道理会的会长盎博罗削（Ambrosii）这位弟兄的最新译本中，依照次第援引那些有益于我们计划的内容。

[1] 引自《天阶体系》（Caelestis Hierarchiae），第一章："我们人类不可能在没有那些可以根据我们的本性引导我们的物质性手段的帮助下，以非物质性的方式上升到模仿和玄观天界的阶层体系。所以，一切思考者须意识到，美之外表乃是一种不可见的美好者的象征。"①

---

① Dionysius Areopagita CH I 3 (PG 3 121C); Traversarius D (fol. 1v) C 15,314; 中译者按：汉译文见包利民译，《神秘神学》，第103—104页。本章中引证的伪狄奥尼修斯原文，均根据包利民的《神秘神学》中译本（商务印书馆，2012年版）给出；考虑到译文术语的整体一致性，对包氏使用的部分译名做了调整。并于脚注中标注出原文与译文各自的位置；库萨所引的盎博罗削拉丁译文与包氏译著文字出入较大的，译者另行译出，并附于脚注内，以资参照，因为后者无疑与库萨本人的伪狄奥尼修斯接受更具相关性，直接涉及到后章中库萨对《神秘神学》的阐释方向。下同。

[2] 引自第二章："这些图景与我们无法认识和玄观的单纯存在者相关……"①

[3] 于同一章："正如奥秘圣洁的传统教导我们的，天主决不与存在者有任何相像，我们对祂无法理解的和不可言说的超越性，及不可见性根本就没有任何知识。"②

[4] 于《天阶体系》之第四章："故而万物总以某种方式分有那超越的天主中流出的神命，天主是一切存有者的发源地。确实，无物可以不分有万物的存在和泉源而能存在。甚至没有生命的事物也分有祂，因为超越的天主是一切存有者的存在。生物进一步分有那给予生命并超出一切生命的力量。"③

[5] 于同一章："从来没有人看见或将看见处于自己的全然隐秘之中的天主的存在。"④

[6] 于同一著作之第十三章："在这一异象中，那神学家了解了天主超出一切可见与不可见之力量，超出得太多太

---

① Dionysius Areopagita CH II 2（PG 3 137B）；Tra D（fol. 2r）C 15,315；中译者按:《神秘神学》，第105页。由拉丁译本直译作："因为诸神性事物的单纯实体于自身内是不为人所知的，也避开了我们的认识……"
② Dionysius Areopagita CH II 3（PG 3 141A）；Tra D（fol. 2v）C 15,316；中译者按:《神秘神学》，第107页。由拉丁译本直译作："当我们断言，它并非存在的万物中之任何一个时，我们无疑断言了某种真理，即便其非确定性的量度方式全然不为人所知，因为它乃是超实体、不可把握与不可言说的。"
③ Dionysius Areopagita CH IV 1（PG 3 177C）；Tra D（fol. 5r）C 15,319；中译者按:《神秘神学》，第114页。
④ Dionysius Areopagita CH IV 3（PG 3 180C）；Tra D（fol. 5r）C 15,320；中译者按:《神秘神学》，第115页。

[7] 引自《教阶体系》(De ecclesiastica hierarchia)，第一章："实际上，所有与'一'相像的存在者所渴求的是同一个（天主），但是他们并非以同样的方式分有这同一个存在。相反，对神圣者的分有与各个存在者的美德成正比。"②

[8] 于同一章："这一阶层体系的泉源是圣水盆，是善之存在、万物的唯一原因，即在善之中赋予万物以存在和幸福的三位一体。这超越万物、是一又是三的天主由于我们不明白（但对祂自己却十分明白）的理由，决定一定要拯救理智存在者，包括我们自己以及比我们高的那些存在者。"③

[9] 于《论圣名》(De divinis nominibus)之第一章："正如感觉既不能把握也不能感知心灵的事物，正如表象与形状不能包容单一的和无形的东西，正如有形体者不能触及不可触摸的和无形体的东西，同样真实的是：诸存在者也被超乎存在之上的无限所超越，众理智被超越于理智之上的'一'所超出。事实上，不可思议的太一是一切理智过程都无法把握的，任何

---

① Dionysius Areopagita CH XIII 4（PG 3 304C）; Tra D（fol. 12v）C 15,333；中译者按：《神秘神学》，第138页。
② Dionysius Areopagita EH I 2（PG 3 373B）; Tra D fol. 17r C 15,630；中译者按：《神秘神学》，第154页。
③ Dionysius Areopagita EH I 3（PG 3 373CD）; Tra D fol. 17rv C 15,630；中译者按：《神秘神学》，第155页。由拉丁译本直译作："这元始乃是生命的泉源，善之存在，唯一的原因与丰饶无匹的三位一体；由这唯一的善之原因中，万物领受了它们的存在与善。因此，这超越万有的三而一之神性永福，真正的存在唯独寓居于其中；它以一种虽不为我们知晓，在它却十分清楚的方式，拥有对一切人类与属天实体之理智福乐的意愿。"

词语都不能冀及无法言说的善。"①

［10］于同一位置："祂在《圣经》的神圣道说中向我们传达了祂自己。比如，我们知道了祂是万物的原因，祂是起源、存在和生命。"②

［11］于同一位置："你会发现，《圣经》著述者关于圣名所说的富于启示的赞颂，都与天主的仁慈作为有关。因此，所有这些《圣经》的话都是在称颂天主，把祂描述为单元者，因为祂具有超自然的单纯性和不可分割的统一性，祂的统一性力量令我们走向一体化。我们这些本来四分五裂的众生，便在祂的引导下聚集起来，进入与天主相像的'一'，进入反映天主的本相的统一。"③

［12］于同一位置："在这里，以一种言语无法描述的方式，预先存在着一切知识的目的，它是理智与言说都无法把握的，也是完全无法被沉思的，因为它超出一切事物之上，它全然超出了我们认知它的能力。"④

［13］于同一位置："如果所有的知识都必然是关于存在者的，并限于存在物的领域，那么，超越存在者亦必超越知

---

① Dionysius Areopagita DN I 1（PG 3 588B）; Tra D fol. 36v C 16,395；中译者按：《神秘神学》，第2页。

② Dionysius Areopagita DN I 3（PG 3 589B）; Tra D fol. 37r C 16,396；中译者按：《神秘神学》，第3页。

③ Dionysius Areopagita DN I 4（PG 3 589D）; Tra D fol. 37v C 16,396；中译者按：《神秘神学》，第4页。

④ Dionysius Areopagita DN I 4（PG 3 592D）; Tra D fol. 38r C 16,397；中译者按：《神秘神学》，第5–6页。

识……如果祂包容并限定、容纳并预知万物,自己却不为它们所把握……"①

[14] 于同一位置:"正如《圣经》所肯定的,祂是'万物之王',祂完全应被称颂为万物的创造者和发源者,完全是它们的太一,是它们的保存者、护卫者和家园,是让它们向祂回归的权能;祂只要以一下不可阻挡的超然之举,便完成了这一切。"②

[15] 于同一部书之第二章:"其不可言说性、诸多名称、不可知性,其完全属于概念领域,其超出一切肯定与否定之上的对万事的肯定和否定……"③

[16] 于希罗忒乌斯(Hierothei)书信:"祂既非整体,亦非部分;同时祂既是整体,又是部分。在祂的整全统一体中,祂包容着整体与部分;但祂又超越了这些,并先于这些。这种

---

① Dionysius Areopagita DN I 4 (PG 3 593A); Tra D fol. 38r C 16,397;中译者按:《神秘神学》,第6页。由拉丁译本直译作:"如若所有知识所探究的都是物之实体,并于这些实体中有其归终,那么这超越一切实体的,也必然高居于一切知识之上。虽然祂包罗、把握并预知万有,但祂仍保持为全然不可把握的。"
② Dionysius Areopagita DN I 7 (PG 3 596CD); Tra D fol. 38v C 16,398;中译者按:《神秘神学》,第9页。由拉丁译本直译作:"根据经文的见证,它自身乃是万物之中的万有。它真实不虚地为人称颂作实体的创造者、完成者、保存者的看守人与故园,毫无中断与限制,超然不群地令它们转向自己。"
③ Dionysius Areopagita DN II 4 (PG 3 641A); Tra D fol. 40r C 16,401;中译者按:《神秘神学》,第15页。由拉丁译本直译作:"不可言说者亦可为许多语词所称述;无知;通过万有而被认识者;对万有的肯定、对万有的否定;那超越一切肯定与否定者;神性之物唯能藉着分有而被认识。"

完善存在于不完善者之中,作为它们向善之泉源。但祂还超越了完善……"①

[17] 于同一位置:"祂是万物的尺度。祂是永恒,而且祂高于、先于永恒。"②

[18] 于同一位置:"祂的'一'决不是这种类型的,因为祂并不分有统一体,也不拥有统一体。祂之为一的方式与所有这一切截然不同。祂超越了存在者中的统一。"③

[19] 于同一部书之第四章:"圣洁的著述者总是将它从所有其它名字中挑出来,描述超神圣的天主。他们把神圣的实体称作'善'。"④

[20] 于同一位置:"这些存在的出现与不损不减的生命皆有赖于这光芒……"⑤

---

① Dionysius Areopagita DN II 10 (PG 3 648C); Tra D fol. 41v C 16,403; 中译者按:《神秘神学》, 第19页。此处即《论圣名》第二章中,伪狄奥尼修斯对老师希罗忒乌斯《神学要素》一书的称引。
② Dionysius Areopagita DN II 10 (PG 3 648C); Tra D fol. 41v C 16,403; 中译者按:《神秘神学》, 第19–20页。由拉丁译本直译作:"它乃是万物的尺规,它乃是世代(saeculum),但又超越和先于世代。"
③ Dionysius Areopagita DN II 11 (PG 3 649C); Tra D fol. 41v C 16,403–404; 中译者按:《神秘神学》, 第21页。由拉丁译本直译作:"它既非'一',亦不分有'一',并远远超出那诸多关于那存在于实体中的'一'之概念。"
④ Dionysius Areopagita DN IV 1 (PG 3 693B); Tra D fol. 43r C 16,406; 中译者按:《神秘神学》, 第26页。
⑤ Dionysius Areopagita DN IV 4 (PG 3 697B); Tra D fol. 43v C 16,407; 中译者按:《神秘神学》, 第26页。由拉丁译本直译作:"因为这作为善的实体不增不减, 如此云云。"

[21] 于同一位置:"光来自于至善,光是这原型之善的形象。所以至善也被'光'这一名字所称颂,正如原型总是展示在其形象中一样。"①

[22] 于同一位置:"祂给予一切能接受光者的光,创造它们,使它们活着,保存和完善它们。万物皆在祂这里找尺度、永恒、数字、秩序。"②

[23] 注意这日头的譬方。

[24] 于同一位置:"至善被描述为是心灵之光,因为祂用心智之光照亮所有超天界存在者的心智,而且因为祂将盘踞在灵魂中的无知与错误驱赶出去。"③

[25] 于同一位置:"高于一切光之上的至善被给予了'心智之光'、'光芒'、'流溢的照耀'等名字……因为祂是光的源泉,并且实际上超越了光。"④

[26] 于同一位置:"圣洁的著述者向这个至善献上了赞美诗。他们称祂为美的……"⑤

---

① Dionysius Areopagita DN IV 4 (PG 3 697B); Tra D fol. 43v C 16,407; 中译者按:《神秘神学》,第28页。
② Dionysius Areopagita DN IV 4 (PG 3 697C); Tra D fol. 44r C 16,407–408; 中译者按:《神秘神学》,第29页。
③ Dionysius Areopagita DN IV 5 (PG 3 699D); Tra D fol. 44v C 16,408; 中译者按:《神秘神学》,第30页。
④ Dionysius Areopagita DN IV 6 (PG 3 701A); Tra D fol. 44v C 16,408; 中译者按:《神秘神学》,第31页。由拉丁译本直译作:"由此,那个善被称作理智之光:因它作为原初的光线与涌溢的朗照而超越了每一种光。"
⑤ Dionysius Areopagita DN IV 7 (PG 3 701C); Tra D fol. 44v C 16,409; 中译者按:《神秘神学》,第31页。

[27] 于同一位置:"因为祂是全然美好的,是超出一切的美者。祂永远如此,不变换、不变化……"①

[28] 于同一位置:"所以,至美者与至善者是同一的。"②

[29] 于同一位置:"世上没有任何东西不分有一定的至美与至善。我甚至还敢说'非存在'也分有至美与至善,因为……"③

[30] 于同一位置:"简而言之,一切存在均从至美至善者中产生,在其中存在,并向祂回归。所有已存在的和正在生成的事物都是依靠至美至善者方拥有了存在。"④

[31] 于同一著作之第八章:"祂也不仅仅只在现在存在。祂乃是拥有存在的事物的存在本质。不仅事物之存在,而且存在(物)的本质都来自于在永世之先的天主。因为祂是时代的时代,是'比永世更先的'。"⑤

---

① Dionysius Areopagita DN IV 7(PG 3 704A);Tra D fol. 45r C 16,409;中译者按:《神秘神学》,第32页。
② Dionysius Areopagita DN IV 7(PG 3 704AB);Tra D fol. 45r C 16,409;中译者按:《神秘神学》,第32页。
③ Dionysius Areopagita DN IV 7(PG 3 704B);Tra D fol. 45r C 16,409;中译者按:《神秘神学》,第32页。
④ Dionysius Areopagita DN IV 10(PG 3 705D–708A);Tra D fol. 45v C 16,410;中译者按:《神秘神学》,第34页。由拉丁译本直译作:"一切存在之物都由这美善而生,而一切不存在之物都为这美善超实体地囊括于其中;它乃是万有的元始与终末。"
⑤ Dionysius Areopagita DN V 4(PG 3 817D);Tra D fol. 52r C 16,421;中译者按:《神秘神学》,第57页。库萨于此处及以下文本中使用了与今日通行的《论圣名》版本不同的分章方式,其于cod. Cus 43中亦可见到。此处库萨所引的第八章,对应于今本希腊语原著与汉译本的第五章,下同。由拉丁译本直译作:"祂不存在,然而对于存在的万物而言,祂即是存在自身;而且不单是存在的万物,连它们的存在自身也来自那先于一切世代者。祂乃是先于一切世代的世代之世代。"

[32]于同一个第八章:"重复一下:万物与所有时代都从那预先存在者中获得它们的存有。所有的永恒与时间都从祂来。"①

[33]于同一位置:"万物均分有祂,存在者无一堕离。"②

[34]于同一位置:"万物的存在皆在那预先存在者之中,被祂知道和维系。存在先于分有它的存在物。"③

[35]于同一位置:"祂以一种超越的方式拥有预先存在与超越品性,祂产生绝对存在,然后以此为工具,祂又创立了各种存在物。所有的具体事物的泉源都是由于分有了存在才得以存有和成为泉源。它们有了先存,然后才是泉源。你可以这么说:生命自身是一切生物的泉源;相似性本身是一切相似者的泉源……"④

[36]于同一位置:"它们所拥有的首先是存在,这存在确保它们的持续存在,然后它们又可以成为这种或那种东西的泉源。只是由于它们分有了存在,它们以及分有它们的事物才得

---

① Dionysius Areopagita DN V 5(PG 3 820A);Tra D fol. 52r C 16,421;中译者按:《神秘神学》,第57页。由拉丁译本直译作:"统言之:一切存在之物与一切世代都从祂,从这预先存在者而来;每个大的与每个小的世代都从祂来。"

② Dionysius Areopagita DN V 5(PG 3 820A);Tra D fol. 52r C 16,421;中译者按:《神秘神学》,第57页。由拉丁译本直译作:"万物均分有祂,而祂不离弃任何实存之物。"

③ Dionysius Areopagita DN V 5(PG 3 820A);Tra D fol. 52r C 16,421;中译者按:《神秘神学》,第57页。

④ Dionysius Areopagita DN V 5(PG 3 820B);Tra D fol. 52r C 16,421;中译者按:《神秘神学》,第58页。

第十四章　狄奥尼修斯文选

以存在。如果它们本身能存在是由于分有了存在本身,那么分有它们的其它事物就更是如此了。"①

[37] 于同一位置:"至善也受到了那些最先和最主要地分有存在的事物的赞颂。"②

[38] 于同一位置:"祂不在任何东西中。祂不是一件事物。"③

[39] 于同一著作之第九章:"无物会与那普遍的原因相反。"④

[40] 于同一著作之第十章:"《圣经》还把临在于万物之中,并要从万物中去发现的太一称为不可把握的和'不可了解的'。"⑤

[41] 于同一位置:"我们用于天主的词语必须具有这种超

---

① Dionysius Areopagita DN V 5 (PG 3 820C); Tra D fol. 52r C 16,421;中译者按:《神秘神学》,第58页。
② Dionysius Areopagita DN V 6 (PG 3 820C); Tra D fol. 52r C 16,421;中译者按:《神秘神学》,第58页。由拉丁译本直译作:"善作为那诸分有中在首的而受到赞颂。"
③ Dionysius Areopagita DN V 10 (PG 3 825B); Tra D fol. 53r C 16,423;中译者按:《神秘神学》,第62页。由拉丁译本直译作:"祂既不在诸实体中的某个内,亦非它们当中的某一个。"
④ Dionysius Areopagita DN VI 2 (PG 3 857A); Tra D fol. 54r C 16,424;中译者按:《神秘神学》,第64页。此处库萨所引的第九章,对应于今本希腊语原著与汉译本的第六章。
⑤ Dionysius Areopagita DN VII 1 (PG 3 865C); Tra D fol. 54r C 16,425;中译者按:《神秘神学》,第65页。此处库萨所引的第十章,对应于今本希腊语原著与汉译本的第七章,下同。由拉丁译本直译作:"神学家们将祂,这能够于万物之中并由万物而得以觅见者,称作不可把握者与不可探查者。"

越特征，而非人的意义。我们应当完全越出自身，并完全地属于天主。"①

[42] 于同一位置："（天主对万有的知识）并不是一种关于个别具体种类的知识，而是一种知道和包容万物的单一的、包容性的原因。"②

[43] 于同一位置："天主可以在万物中被认识，然而又与万物都不同。祂通过知识与不知而被认识。"③

[44] 于同一位置："祂是万物中的万物，又不是事物中的一个事物。"④

[45] 于同一著作之第十一章："天主……是大能……是所有力量的原因。"⑤

---

① Dionysius Areopagita DN VII 1（PG 3 865D）；Tra D fol. 54r C 16,425；中译者按：《神秘神学》，第66页。由拉丁译本直译作："我们不可意欲以属人的方式理解神性之物，而必须全然由我们自身中越出，并到天主那里去。"
② Dionysius Areopagita DN VII 2（PG 3 869C）；Tra D fol. 55r C 16,426；中译者按：《神秘神学》，第68页。由拉丁译本直译作："一方面，天主对自身并无某种特殊的认识；另一方面，祂却拥有某种包罗万有的普遍认识。既然祂将自己认作万物的原因，而万物则由祂而来并以祂为原因，那祂又怎会不认识这万物呢？"
③ Dionysius Areopagita DN VII 3（PG 3 872A）；Tra D fol. 55r C 16,426-427；中译者按：《神秘神学》，第69页。由拉丁译本直译作："天主于万有中而又分离于万有，于知与无知中被认识。"
④ Dionysius Areopagita DN VII 3（PG 3 872A）；Tra D fol. 55r C 16,427；中译者按：《神秘神学》，第69页。由拉丁译本直译作："祂于万物之中是万有，而于无中是无。"
⑤ Dionysius Areopagita DN VIII 2（PG 3 889CD）；Tra D fol. 55v C 16,428；中译者按：《神秘神学》，第71页。此处库萨所引的第十一章，对应于今本希腊语原著与汉译本的第八章，下同。

[46]于同一位置:"天主的无限力量被分配于万物之中,世上无物会完全缺乏力量。"①

[47]于同一位置:"总之,世上万物都靠天主的强大力量支持和环抱,因为完全没有力量者既没有存在,也没有个体性,甚至在世上没有任何位置。"②

[48]于同一位置:"祂在自己超越的力量中高于万物,预先拥有万物。是祂给予了万物以存在的力量。这存在的恩赐来自于祂压倒一切的力量的无限奔涌。"③

[49]于同书之第十二章:"天主被称作伟大的,因为祂特有的'大'被给予一切大的事物,被倾倒于一切的'巨大'之中,而且还远远超出其上。祂的'大'包容一切空间,超出一切数量,在其富足中远远越过了无限性。"④

[50]于同一位置:"这'大'是无限的,既无大小也没数量……"⑤

[51]于同一位置:"'微小'或微妙被用于描述天主的本

---

① Dionysius Areopagita DN VIII 3(PG 3 892B);Tra D fol. 56r C 16,428;中译者按:《神秘神学》,第72页。
② Dionysius Areopagita DN VIII 5(PG 3 893A);Tra D fol. 56r C 16,429;中译者按:《神秘神学》,第73页。
③ Dionysius Areopagita DN VIII 6(PG 3 893CD);Tra D fol. 56v C 16,429;中译者按:《神秘神学》,第73—74页。
④ Dionysius Areopagita DN IX 2(PG 3 909C);Tra D fol. 57v C 16,431;中译者按:《神秘神学》,此处库萨所引的第十二章,对应于今本希腊语原著与汉译本的第九章,下同。第76页。
⑤ Dionysius Areopagita DN IX 2(PG 3 909C);Tra D fol. 57v C 16,431;中译者按:《神秘神学》,第77页。

性，因为祂不是笨重、远处之物，因为祂轻松无阻地穿遍万物。实际上，'小'是万物最基本的原因，世上没有一部分不分有'小'。"①

[52] 于同一位置："这'小'既无量也无范围。祂是不可征服的、无限的、无界的，理解万物而自身永不被理解。"②

[53] 于同一位置："祂……既不会增大，也不会减小。"③

[54] 于同一位置："'异'也被用于天主，因为祂是万物之中的主宰，并为了万物而成为万物中的万物。不过祂同时还是在自身之中……从未放弃过自己的真正同一性。"④

[55] 于同一位置："正是神圣相似性的力量将一切受造物向它们的原因回转，它们通过作天主的形象和相似者而可以看作是与天主相似的。可是我们不能说天主是与它们相似的，正像我们不能说一个人与他的肖像画相似一样。"⑤

[56] 于同一位置："《圣经》自己肯定了天主是不相似的，

---

① Dionysius Areopagita DN IX 3（PG 3 912A）; Tra D fol. 57v C 16,431; 中译者按：《神秘神学》，第77页。
② Dionysius Areopagita DN IX 3（PG 3 912B）; Tra D fol. 57v C 16,431; 中译者按：《神秘神学》，第77页。
③ Dionysius Areopagita DN IX 4（PG 3 912BC）; Tra D fol. 57v C 16,431; 中译者按：《神秘神学》，第77页。
④ Dionysius Areopagita DN IX 5（PG 3 912D）; Tra D fol. 57v C 16,432; 中译者按：《神秘神学》，第78页。
⑤ Dionysius Areopagita DN IX 6（PG 3 913C）; Tra D fol. 58r C 16,432; 中译者按：《神秘神学》，第79页。由拉丁译本直译作："它被称作差异者，因为天主凭藉其预见的本质规定性而与万有同在，并出于救度万有之目的而成了万物之中的万有，而却始终保持着祂自身与祂的同一性内。"

不可与任何事物相比拟，祂与万物不同，而且更奇特的是：没有任何东西与祂相像。不过，这些话并不与事物与祂相似的话矛盾，因为同一种事物既与天主相似，又不相似。它们与祂相似是指它们分有不能分有的事物。"①

［57］于同一位置："它们与祂不相似，是因为它们远远不及自己的原因，并且无限地、无法比拟地从属于祂。"②

［58］于同一著作之第十三章："天主作为万物的全能基础维系和拥抱着整个世界。"③

［59］于同一位置："不许它们从祂之中堕离……"④

［60］于同一著作之第十二章："祂是永恒和万物的时间，因为祂先于日子、永恒和时间。这些名字都需要一个适当的意义：'时间'、'日子'、'季节'、'永恒'，所有这些名字都被用来说到那个完全免于变化或运动，在其永久运动中保持在自身

---

① Dionysius Areopagita DN IX 7（PG 3 916A）；Tra D fol. 58r C 16,432；中译者按：《神秘神学》，第79页。由拉丁译本直译作："神学将祂描述为不相似的，认为万有之内无物与之相匹，因为祂乃是相异于一切万有的东西。更令人讶异的是：神学断言，没有与祂相似的东西。这无疑并不与同天主的相似性对立，因为对天主而言，相似与不似原是一回事。之所以相似，是因为万物尽力模仿这不可能全然被模仿的东西。"

② Dionysius Areopagita DN IX 7（PG 3 916A）；Tra D fol. 58r C 16,432；中译者按：《神秘神学》，第79—80页。由拉丁译本直译作："然而之所以如此，是因为受生者远远低于其原因，并于无限与纯全的尺度上与祂相分离。"

③ Dionysius Areopagita DN X 1（PG 3 936D）；Tra D fol. 58v C 16,433；中译者按：《神秘神学》，第81页。此处库萨所引的第十三章，对应于今本希腊语原著与汉译本的第十章，下同。

④ Dionysius Areopagita DN X 1（PG 3 937A）；Tra D fol. 58v C 16,433；中译者按：《神秘神学》，第81页。

之中，是永恒和时间和日子的原因的天主。"①

[61] 于同一著作之第十三章："'存在自身'、'生命自身'、'神性自身'是用来表征泉源、神圣性、原因的名字，它们是描述那超出万物泉源之上的唯一的、超越的原因和泉源。"②

[62] 于第十五章："祂为无界限者立下了界限，并且在祂的整个统一体之中超出了所有限制。祂不为任何事物所包容或理解。祂遍及万物而又超出万物……"③

[63] 于同一位置："产生万物的太一本身并非世上许多东西中的一个，祂实际上先于'一'……"④

---

① Dionysius Areopagita DN X 2（PG 3 937B）; Tra D fol. 59r C 16,433–434；中译者按：《神秘神学》，第82页。此处对应今本希腊语原著与汉译本的第十章，由拉丁译本直译作："祂之于万有，乃是世代与时间；祂先于日子、先于世代、先于时间，即便我们能够合宜地将祂称作时间、日子、刹那或世代。祂经由每一种运动而保持不变与不动；而即便祂运动，祂也仍作为时间与诸日子的原因而迟留于自身之中。"

② Dionysius Areopagita DN X 2（PG 3 937B）; Tra D fol. 59r C 16,433–434；中译者按：《神秘神学》，第87页。此处对应今本希腊语原著与汉译本的第十一章。原文所标《论圣名》段落位置有误，经查证，应为PG3 953D–956A。由拉丁译本直译作："这一切有生者之生命与生命之原因……我们称祂为存在、生命与神性自身，祂是大本大原，充满神性，依照其原因性，作为'一'而超越于一切诸开端之上。"

③ Dionysius Areopagita DN XIII 1（PG 3 977B）; Tra D fol. 61r C 16,438；中译者按：《神秘神学》，第90–91页。以下至第71条为今本希腊语原著与汉译本的第十三章。

④ Dionysius Areopagita DN XIII 2（PG 3 977D）; Tra D fol. 61v C 16,438；中译者按：《神秘神学》，第91页。

第十四章　狄奥尼修斯文选

［64］于同一位置："（祂）定义着一与多。"①

［65］于同一位置："如果把万物思考为在万物之中的统一的话，那么事物之总体必须被视为一。"②

［66］于同一位置："太一可以被称为是万物的基础元素。"③

［67］于同一位置："如果你取走了太一，那么无论整体还是部分，或是任何创造的东西，就都不会剩下了。事实乃是：万物皆预先被包容于太一之中，并且被作为内在统一者的太一环抱着。"④

［68］于同一位置："祂先于所有的部分与全体、有限与无限、确定的与不确定的。"⑤

［69］于同一位置："祂确定了所有存在着的东西，也确定了存在本身。"⑥

［70］于同一位置："祂超出了'一'本身，而且确定了这

---

① Dionysius Areopagita DN XIII 2（PG 3 977D）; Tra D fol. 61v C 16,438; 中译者按：《神秘神学》，第91页。

② Dionysius Areopagita DN XIII 2（PG 3 980A）; Tra D fol. 61v C 16,438; 中译者按：《神秘神学》，第91页。

③ Dionysius Areopagita DN XIII 3（PG 3 980B）; Tra D fol. 61v C 16,438; 中译者按：《神秘神学》，第92页。

④ Dionysius Areopagita DN XIII 3（PG 3 980B）; Tra D fol. 61v C 16,438—439; 中译者按：《神秘神学》，第92页。

⑤ Dionysius Areopagita DN XIII 3（PG 3 980C）; Tra D fol. 61v C 16,439; 中译者按：《神秘神学》，第92页。由拉丁译本直译作："这'一'先于终末与无限，如此云云。"

⑥ Dionysius Areopagita DN XIII 3（PG 3 980C）; Tra D fol. 61v C 16,439; 中译者按：《神秘神学》，第92页。

'一'。"①

[71] 于同一位置:"受造物中的统一是一种数字的统一,而数字也分有存在。但是超越的统一体确定着'一'自身和所有数字。"②

[72] 邻近《神秘的神学》篇尾:"祂不是我们或其它存在者所认识的事物。祂既不可被'不存在',也不可被'存在'所描述。"③

[73] 于同一位置:"祂超出肯定与否定。"④

[74] 于《致修士该犹》中:"看见天主并理解自己所见者的人并没真正看到天主本身,而是天主的某种存在和可以认识的东西。因为祂自己彻底超出心智与存在。祂是完全不被认识和非存在的。祂在存在之上存在,在心智之上被认识。这一非常积极地全然不(无)知正是对那高出一切被知者的祂的知识。"⑤

---

① Dionysius Areopagita DN XIII 3(PG 3 980C);Tra D fol. 61v C 16,439;中译者按:《神秘神学》,第92页。

② Dionysius Areopagita DN XIII 3(PG 3 980CD);Tra D fol. 61v C 16,439;中译者按:《神秘神学》,第92页。

③ Dionysius Areopagita MTh V(PG 3 1048A);Tra D fol. 64r C 16,480;中译者按:《神秘神学》,第101页。

④ Dionysius Areopagita MTh V(PG 3 1048B);Tra D fol. 64r C 16,480;中译者按:《神秘神学》,第101页。由拉丁译本直译作:"于祂而言,既无肯定,亦无否定。"

⑤ Dionysius Areopagita Ep. I ad Gaium(PG 3 1065A);Tra C 16,601;中译者按:《神秘神学》,第219页。由拉丁译本直译作:"当某人看见天主,并认出那为他所见的时,他看见的便不是祂,而是某个别的东西;祂以超实体的方式,既不被认出,亦不存在;祂超越于心灵之上而被认识……就这位超越于被认识的万有之上的天主而言,对于祂的知识即是完满的无知。"

注释

［1］参较 Ps-Dionysius Caelest. Hier. I c. 3; De div. nom. IV c. 7; 11; V, 8。

［2］参较 Ps-Dionysius De div. num I, 4 PG 3, 592 B。

［3］参较 Ps-Dionysius De div. num I, 6 PG 3, 596 C。这一观点构成了否定神学的基础，它也可以在伪赫尔墨斯著作那里被找到（Hermetica II, 13 ed. Scott S. 142, 1–10）："然而，谁是神呢？那个不是这些事物中任何一个，而是其存在之根据的……神不是精神，而是精神的存在之根据。"

［4］Dionysica I 1937 现在为这些著作不同的拉丁文翻译提供了很好的概览，它将所有翻译一行一行地并置了起来。库萨拥有爱留根纳、约翰内斯·萨拉克努斯（Johannes Sarracenus）与罗伯特·格罗斯泰斯特的译文；对此参较 L. Baur, Cusanus-Texte III Marginalien S. 10–17。

第十五章　辨释《神秘神学》之"先于"义

费迪南德：这位神学家的诸般妙论，在我看来关涉重大、造理深微，能够以那种应许给人类的方式，将我们的目光指引到不可言说的神性上面去。

库萨：那你可有注意，他是如何谈论这"不异"的呢[1]？

费迪南德：我尚未清楚地领会到。

库萨：你至少已经考量过，他是如何谈论第一原因的；对于这万物之中的万有，他时而如此这般，时而又换一种方式地将它呈现出来。

费迪南德：看起来仿佛如此。但请您指引我，在您的襄助下更透澈地洞见此事吧。

库萨：在他将本原称作"一"的地方，他是如何进而论述道，这超实体的"一"，乃是存在着并规定着每一个数字的"一"①——你未曾考量过这一点么？

费迪南德：我对此有过考量，并由此感到快然。

---

① 中译者按：见第十四章《神秘神学》引文，第71条。

库萨：为何感到快然呢？

费迪南德：这是因为，尽管"一"抵达了"不异"的近处，他却依然承认，这个"一"的前面尚有那超实体的"一"；此即先于作为"某一个"的"一"之"一"。您便是将它看作了"不异"自身[2]。

库萨：你理解得相当精准。假若"A"乃是"不异"的符号，那么A便成了那被语及的东西[3]。然而，如他所言，倘使这个"一"先于终末与无限，并归约了一切无限性①，作为每个单一之物与每个复多之物的规定者，一面同时地遍在万有，一面又对万有保持为不可把握的；那么A这个规定着作为差异者之"一"的"一"，无疑便要先于那个"一"。②而既然这个"一"并不异于"一"，那它便会随着A的剔除而一同化为泡影了。

费迪南德：正是此理！因为当他断言，超越于"一"之上的"一"规定了那作为"某一个"的"一"时，他便已然将这超越于"一"的"一"预先称为那"先于'一'的'一'"了③。由此，A便规定了"一"与万有，因为如他所言，这个"一"乃是每个单一之物与每个复多之物的规定者。

库萨：你同样可以看到的是，这位神学家如何断言天主拥有"先于"，并以高妙无匹的方式作为"先于"而存在，从而

---

① 中译者按：见第十四章《神秘神学》引文，第62条。
② 中译者按：见第十四章《神秘神学》引文，第63条。
③ 中译者按：见第十四章《神秘神学》引文，第18、70条。

将心灵引向了"先于"那里[4]。尽管如此，A 仍被视作先于这"先于"的，因为"先于"并非某种异于"先于"的东西。既然"先于"唯有先于某种为它所先行的东西才得以被理解，这 A 便以卓绝的方式成了"先于"，因为它先行于一切差异者。然而，"先于"亦可用以言说差异者，使得一个差异者先行于前，另一个差异者则跟随其后。因此，如这位神学家所论，倘若在后的万有都以卓越或先行的形式存在于先行之物中②，那我们便以卓绝的方式于 A 中认知到一切万有，因为它乃是先于"先于"的。

费迪南德：承蒙您提请注意此事！我关注到，如这位神学家所言，那位先于世代（saecula）的，乃是诸世代之世代③；我的意思是，他要在一切万有那里都如此称谓祂。因此，通过先行将天主视为 A，我便于祂之内将万有都看作祂自身[5]；反之，通过于事后在差异者中认知天主，我便将祂认作万物之中的万有。我若先于世代而观察祂，便于祂之内将世代看作天主；因为先于世代而被看见的，乃是处于其本原或本质规定性中的世代。我若于世代中观照祂，便将祂看作这世代。因为我将自己此前看作天主的东西，于此后看作世代；这曾为我于天主中看成天主的世代，为我于世代中视作世代。不过与此相比，这并无些许差异：倘若事后之物于早先之物中被看到，那么它即是那早先之物本身；而倘若早先之物于事后之物中被看

---

① 中译者按：见第十四章《神秘神学》引文，第 16、17、34、68 条。
② 中译者按：见第十四章《神秘神学》引文，第 48、67 条。
③ 中译者按：见第十四章《神秘神学》引文，第 31 条。

到，那么它便是那事后之物本身了。

库萨：凭藉那些由"不异"所把握住的东西，你已然洞悉了一切；这A、这本原赐予你光，使你发觉那若无这光，便会长此以往地对你隐而不显的东西。不过，你再将另一件事说与我吧：你如何理解这位神学家的此条论断，即天主能够全然恰当地为"世代"、"时间"（tempus）、"日子"（diem）与"刹那"（momentum）所称述呢？①

注释

[1]库萨现在开始为一开始提出的主题提供证据：在所有权威作者之中，首先是伪狄奥尼修斯具有"不异"这个概念。

[2]新柏拉图主义形而上学追求将神的超越性抬高到一切尺度之上，因此不断在"一"的最高概念中进行新的区分。伪狄奥尼修斯与扬布利柯（Proklos, In Tim. I S. 308, 21 D）令"太一"居于那个与善相同的"一"之上。库萨发现，他自己的思想已然在这里得到了预备："不异"先于"一"而成为了统一性的条件。

[3]有作者也许是正确地推测道，用字母"A"来指代神性本原这一做法受到了拉蒙·柳利《宏大技艺》（Ars magna）的影响（Vansteenberghe, Le Cardinal... S. 419）。柳利的思想是，从一些第一原则中推导出知识的整个领域，由此而在知识的一切分支中赢得数学的确定性。库萨虽然未曾对数学的确定性有所思考，但柳利的思想对他产生了很大的影响。

[4]库萨已然在《论本原》中进行过关于"先于"（ante）的思辨（参较n. 23 fol. 9ʳ）。显而易见，这要追溯到伪狄奥尼修斯的启发。现在，四人谈展现出了这些考虑的进一步发展及其说明。正如"一"那般，"先于"也并不是作为首者而出现的，而理由同样正在于："先于"不异于"先于"，

---

① 中译者按：见第十四章《神秘神学》引文，第60条。

也就是说，它无法规定自身，正如"一"之不异于"一"那样。库萨不懈地追求着对作为第一本原的天主之适切的表达；而现在他相信自己已然找到了它。

[5] 就万物都存在于作为其存在根基的天主中而言，它们并非天主的某些属性，而是与天主自身不可分地与单纯的本质相同一。库萨因而说道，在天主之中，时间便是天主；正如万物在天主中便都是天主那样。库萨并不如奥古斯丁那样，设想了万物于天主中作为思想（理型）的存在；他所想到的乃是，于原因之中包含着尚未展开的效能之存在。

然而，就天主乃是一切受造物的存在根据而言，与此相反的原理便是适用的了：天主是万物中的万有。这个本原在已经展开的效能中不是任何相异于这一效能的东西。由此，作为时间之本原的天主在时间中便是时间，在天空中便是天空。库萨从一开始便坚持了这一理解（Docta ign. I c. 24 S. 49, 14–19; fol. 138ᵛ）。

第十六章　辨释《神秘神学》之"时间"义

费迪南德：我依照这位神学家的看法来理解此事。他看到，一切时间性之物都时间性地运动于时间中，但时间自身却始终保持不变①。由此，"不异"便于时间中真切地放出了光耀；亦即，时间于小时中是小时，于日子中是日子，于月份中是月份，于年景中是年景，而就像它先于所有这一切而被认出那样，一切在它之中都是它自身，正如它在一切之中便是一切。虽然它于一切分有时间之物中即是一切，将自己延伸到一切之上②，并不可分判地与它们迟留在一起，规定且规约着它们；可它却依然并不少减地迟留于自己那里，稳若磐石，如如不动，毫无益损，纵然时间于较长的绵延（duratione）中显得如同增加了一般，就像一月中的时间要多于一日中的时间。然而，此事仅仅是来自差异者那里的，它或多或少地分有着时间；因此，当万物以各种各样的方式分有它时，它自身却始终保持为

---

① 中译者按：见第十四章《神秘神学》引文，第60条。
② 中译者按：见第十四章《神秘神学》引文，第62条。

不可分有的[1]。

库萨：如我所见，你那里已然没有什么隐而不显的东西了；但你须得关注这位神学家的所有话语，他的一字一句皆有深意。他断言，天主能够适如其分地为"刹那"所称谓[①]。

费迪南德：他确是如此说的。但您为何要提醒我，留心关注此事呢？

库萨：刹那乃是时间的实体[2]；若离了它，时间便是子虚乌有之物。就此而言，鉴于其在单纯性方面臻于完满的不可分性与不可变性，刹那在相当程度上分有了A；它看上去便是实体性自身。倘若它被称作绵延，那如下这一点便是显而易见的了：它在永恒中便是永恒，在时间中便是时间，在月份中便是月份，在日子中便是日子，在小时中便是小时，在刹那中便是刹那，而这适用于一切分有绵延的东西。相较于一切绵延着的事物来说，绵延并不是某种相异的东西，这在最大程度上适用于刹那，或曰那个持续绵延着的现在（nunc）。职是之故，绵延于一切中便是一切，纵然它先于分有它的一切东西。由于这些分有它的事物乃是彼此相异的，而它自身却不异于这些分有之物，那么显然，永恒——或者不如说是绵延——与刹那便一同分有于"不异"了。

费迪南德：我相信，您想要以"刹那"一词指称"当下"（praesentiam）。

库萨："现在"、"刹那"与"当下"，于我看来都是一回事。

---

① 中译者按：见第十四章《神秘神学》引文，第60条。

第十六章　辨释《神秘神学》之"时间"义

费迪南德：我已明白无误地看到，当下乃是时间之中，一切区分性（differentias）与差异性（varietates）的认识与存在之本原；藉由这当下，我才对过去与未来有所认知——它们之所以是其所是的，都要归功于它，因为当下于过去中便是过去，于将来中便是将来，于月份中便是月份，于日子中便是日子，如此云云。而虽然它于一切中即是一切，将自身延展到一切东西上，但却无法为任何东西所把握，始终不具有差异性（alteritate）[3]。

库萨：你已经完满地洞见此事，而这一点也就明朗地呈现于你面前：A便是当下之当下。它先行于当下自身，因为那不异于当下的当下，预设了这作为其自身而存在于当下之中的"不异"为其前提。由于当下乃是时间的实体，你便正确无误地将A看作实体之实体了。一旦当下被抽去，时间也就不再流逝；而一旦A被抽去，无论当下、时间抑或别的什么东西，便都不可能再继续存在了①。

费迪南德：多谢您向我指明此节，教士。我已然看清，这位神学家所说的一字一句，无不是为A所照明的。而最令我感到欣然的地方在于，狄奥尼修斯断言，神学家们将"善"作为天主的第一分有而加以称颂②；我由此见出，一切圣名都称谓着那于不可分有者的分有[4]。然而，一旦将A抽去，它们的意义与分有便会悉数失落，因为A本身乃是于全体圣名中被

---

① 中译者按：见第十四章《神秘神学》引文，第67条。
② 中译者按：见第十四章《神秘神学》引文，第8、37条。

分有的；由此，我便乐于按照神学家们的看法，先行来到善这里。既然那为万有所渴盼的东西，乃是出于善的缘故而被渴盼的[5]，那个A——万有离了它便要坏灭——便被理所应当地称作善了。梅瑟有言，造物者之所以要去造出万有，是因为祂见万有是好的。① 因此，倘若万物的本原乃是善，那么事实上，它们便无不是就其为善而言才存在的[6]。正如善之不异于美——如狄奥尼修斯所言②[7]，它也不异于一切实存的万有；然而，这是它由A那里取得的。职是之故，A便于其中明澈无比地反照出来。因而当A于某物中得以最清楚的反照时，这物就不唯是善的，而亦且被称作是善的了。

库萨：你之所见甚为明了，因为你凭藉A而分毫不差地烛照了一切。然而，你可有过考量：虽然这位神学家仿佛将"一"称作万有的元素③，但却于他的密契神学中否认，天主即是一？④

注释

[1] 时间乃是"不异"的一个形象。小时、日子与月份都作为时段而分有时间，它们不异于时间，但又不是时间。与之相对地，时间乃是不依赖于这些时间段的，这些时间段在时间之中不异于时间，并不是任何独立自存于时间之外的东西。在"不异"那里，情况也非常相似。这条评注是具有启

---

① 中译者按：见创1:4、1:8、1:10、1:12、1:18、1:21、1:25、1:31。
② 中译者按：见第十四章《神秘神学》引文，第26、28条。
③ 中译者按：见第十四章《神秘神学》引文，第66条。
④ 中译者按：见第十四章《神秘神学》引文，第63、70条。

发性的：时间定义并限定了时间段，而对于时间更多或更少的分有创造了不同的时间段。人们可以由此看出，库萨以"定义"与"限定"所指涉的仅仅是诸本质规定性。时间段就其本质而言，实际上本来就是时间。

［2］对于亚里士多德-托马斯哲学而言，时间乃是持续的流动，而"现在"只是一个被通过的点（参较Thomas In Ar. Phys. IV com. 21 b; S. c. g. II c.33）。与此相反，对于新柏拉图主义的思辨而言，"现在"乃是时间的定义，"现在"或者说"当下"将时间折叠于自身之内（参较Docta ign. II c. 3 S. 69, 24）。奥古斯丁对此的论述尤其明确（Conf. XI, 20）。库萨关于刹那与时间的观点已然在主显节布道文中形成了（Predigt 213 Ubi est n. 5 Cusanas-Texte I Predigten 2—5 S. 90; vgl. ebenda n. 23 S. 108）。

［3］参较波爱修：De cons. phil. III m. 9 CSEL LXVIII S. 63, 19。

［4］参较《论本原》：De principio n. 29 fol. 9^v; n. 35 fol. 10^v; n. 36 fol. 10^v。

［5］参较亚里士多德：《尼各马可伦理学》：A 1 1094 a 3; 另参较托马斯：S. Th. I q. 82 a. 2 ad 1; I, II q. 8 a. 1。

［6］这一理解可以从普罗克洛斯（Theol. Plat. II c. 4 S. 98 Portus）那里导出："我们的考量已然通过所指明的这种方式由善与在首的统一性中导出了万有"。

［7］参较托马斯：S. Th. I q. 5 a. 3。

第十七章　辨释《神秘神学》之"一"义

费迪南德：我已进行过考量，他确是如此说的。可我仍旧想请您为我阐明，他意在藉此表达些什么。

库萨：依我所见，他意在表达如下的事情：正如将"一"抽去后，个体之物便要坏灭，而将元素抽去后，那由元素产生之物（elementata）便要消亡那样，若是将A取消掉，一切万有便要荡然无存；这是因为，与元素之于由其产生之物相比，A与万有间的联结更要内在得多、紧密得多[1]。

费迪南德：既然如此，那么当迪南的戴维德（David de Dynanto）与那些为他所追溯的哲人们将天主称作原质、努斯及自然（Physis），而将可见的世界称为可见的天主时，他们便是出于这个缘故了。[2]

库萨：戴维德将原质称作诸形体的本原，将努斯或心灵称作诸灵魂的本原，而将自然或曰本性（naturam）①称作运动的本原，并就此见出，就它们都处于本原之中而言，彼此之间无少分

---

① 中译者按："Physis"（姑译为"自然"）与"natura"（姑译为"本性"）于此并无显著差异，前者来自希腊语词源，后者来自拉丁语词源，库萨在此仅仅是以不同名称指谓同一事物罢了。

别——他是由此才如是讲的。然而，你已然看到，A 规定了它们，且于它们之中便是它们，纵使它并非其中的任何一个。职是之故，你莫要令自己为这些论断及与其相似的论断所迷惑，即便这位神学家仿佛是将"一"称作了元素①。如若你一再返回到 A、返回到我们前面所说的那里去，你便不会生出颠倒妄见了。

费迪南德：您对我的教诲与指引充满圣性。另外，这位神学家于书信中写给该犹的文字，同样令我欣悦非凡——它的阐述晓畅通透，于您之所言若合符契。

库萨：是哪个段落呢？

费迪南德：这位神学家说道："当某人看见天主，并认出那为他所见的时，他看见的便不是祂，而是某个别的东西②[3]。"因而，当迪南的戴维德将天主视作原质、心灵或自然时，他所看见的便是某个别的东西，而非天主了。

库萨：真是令人赞叹，费迪南德。可倘若你于所说的话语中思及了更为关键的东西，那便愈发惹人刮目相看了[4]。

费迪南德：不知那是什么？请您为我言明。

库萨：就在他说出"既然被理解的一切万有都是某物，那么它们便不是天主"③时[5]。某物乃是差异性的某物。因而，设

---

① 中译者按：见第十四章《神秘神学》引文，第 66 条。
② 中译者按：见第十四章《神秘神学》引文，第 74 条。
③ 中译者按：库萨此处以自己的话重新复述了前述印文第 74 条的内容，与原文相去甚远。请注意库萨在下文的阐述中，于多玛斯意义上的"aliquid"（某物）与他自己所论说的"aliud"（差异者、有异者）间所构建的关联——"某物"之所以作为"某物"而得以规定，正是因为其内部包含差异，从而与其它存在者得以区分。

若天主能为人们所理解,那么祂便要作为"并非差异性的"而被理解。倘若天主由此便无法被理解为那些凭藉差异者、某物而得以称谓的东西,而不能为某物所称谓的东西就无法为理智所理解,那么天主——如祂要为人所见的那样——就必然超越并先于差异性的东西,并超越于理智思想而被照见。然而于差异者之先被照见的,除去"不异"之外再无他物。由此可见,"不异"引我们入于那超越思想、差异者、某物与万有且先于理智之物的本原中。这一点同样为这位神学家于该段落中阐明了;他同时论述道,对"不异"的认识于何种程度上可以被称作完满的无知——因为此一认识乃是对高居于被认识的万有之上者的认识[1]。现在,这些便是我们这位值得激赏的神学家所说过的话;考虑到他其余诸如此类的说法,这些话对于我们的计划而言已然足够了。

注释

[1] 首先得到说明的只是刚刚抛出的问题中所涉及的第一点:为什么伪狄奥尼修斯能够将天主称作基本元素。原因在于:天主乃是一切受造之存在的前提,祂不仅创造了这种存在,而且迟留于其中,以至于一旦在思想上将天主取消掉,那么一切存在也就化为乌有了。迪南的戴维德的学说也正是在这种天主作为负载一切存在者之根基的意义上得到说明的,他认为天主乃是万有的统一实体;参较下注。

---

① 中译者按:见第十四章《神秘神学》引文,第73条:"……祂超越于心灵之上而被认识……就这位超越于被认识的万有之上的天主而言,对于祂的知识即是完满的无知。"

第十七章 辨释《神秘神学》之"一"义

[2] 关于比利时人迪南的戴维德之学说与生平,我们所知寥寥;而就我们所知的而言,对于这位十三世纪神学家的比较详尽之介绍可参见 G. Thery, David de Dinant. Bibioth. Thomiste VI 1925 与如下的传记性文字:W. Totok, Handbuch der Geschichte der Philosophie II, 1973, 213。根据大阿尔伯特与托马斯·阿奎那的论证性描绘,戴维德代表了某种质料主义的泛神论,它将质料阐述为唯一的存在者,并将之与神等同起来。如 Gandillac, Le Cardinal...S. 157 Anm. 35 等频繁提到的,库萨具有关于戴维德学说的直接知识这一点,其可能性非常微弱。他仿佛是从大阿尔伯特那里汲取了相关资源,其保存于 cod. Cus. 96 中的对《论圣名》的评注包括了一些关于戴维德的边注,他在彼处将其学说称谓谬误的(fol. 88va)。然而库萨也于《辩护》中提到了他,并将其置于一系列不应当被交到每位读者那里的作者之内,因为他们的著作兴许会为人所误解。包括伪狄奥尼修斯、爱留根纳、莫斯堡的贝特霍尔德(Berthold von Moosburg)在内的作者位列其中(Apol. S. 30, 1)。在本文中此处,库萨未尝对这位戴维德做质料主义的理解,而是将其学说理解为观念论的。他将戴维德视作一位自己如下思想的代言人:万有无不包蕴于作为本原的天主之内。关于此处所涉及的学说,亦参较大阿尔伯特:S. Th. P. II tract. XII q 72 m. 4 a. 2 n. 4。

[3] 观照者处身于某种雾气当中,这是所有密契哲学的一条基本学说。在一封写给特格尔恩湖修道院院长的书信中,库萨通过某种类比阐明了伪狄奥尼修斯的相同表述。正如在观看纯粹的太阳光时,过强的光线会使双目流泪,从而给眼睛蒙上一层薄雾那样;在密契观照之中,雾气则是真实性的标准(Ep. V S. 114)。由此,人们便无法知性地复现出某种密契认识的内容。库萨几乎是以与此处相同的文字在那封信中进一步作了阐述(S. 115)。

[4] 由此,库萨转向了在前章末尾提出的问题:伪狄奥尼修斯在何种程度上能够将"一"称作万有的基本元素,而又拒绝"一"这个谓词之于天主的适用性。密契神学与否定神学对天主那里一切知性规定性的共同否认为这一问题提供了解决。天主并不在可为我们的知性认识所通达的概念之意义上是"一"。

[5] 这一位置与库萨在此给予它的字面表达间只有遥远的相似性。关于"某物"的定义,参较第六章德译注[1]那里关于托马斯的讨论。

第十八章　辩排亚里士多德的实体义

费迪南德：若您现下尚有余闲，我们不妨藉助于我们的原则，来对某些并非没有价值的著述进行一番考察——它们出自那位最伟大的逍遥学派哲人，明敏的亚里士多德[1]。既然您绝不可能对其未曾耳闻[2]，便请您说与我吧：这位发愤若此的哲人想要向我们显明什么呢？

库萨：我以为他所要显明的，无疑是他于真理认识这方面所发掘出的东西。

费迪南德：那么他发掘出了什么呢？

库萨：坦言之，我对此并无了解[3]；不过据他所说，作为理智思想之对象的本质乃是永远被寻觅，却从未被发现的。他于第一哲学中如是讲道："最难决又最迷惑的问题：'一'与'存在者'是否并无分别，正如毕达哥拉斯学派及柏拉图所主张，确为现存事物的实体；抑或这些并非事物之实体，而恩培多克勒所说的'友爱'，又或另一些人说的'火'，又一些人说的'水'与'气'才是事物的底层？^①"于该著中另一处："从古到今，大家最常质疑问难的主题，就在'何谓存在者'亦即'何谓实体'。有些人主于实体只一，另有些人谓这不止一。^②"

费迪南德：此位大哲的这些言语确乎值得关注。那么就请您指引我们，以敏锐的目光洞入他的诸般议论中吧。

库萨：我会勉力为之。对于此一问题："一"与"存在者"（ens）是否并非某种差异者，而是诸存在者的实体，我所考虑的是，他是如何凭藉"不异"来求索万物之实体的。以他看来，万物之实体并非某种差异者，因此他于存在者、"一"、友爱、气、水等一切万有那里处处表明了自己的疑虑：这些东西中的某一个可否作为万物之实体而存在；这是由于他已然发觉，它们无一不是某种差异者。他因而设定了如下前提，以为其研究的基础：万物之实体存在，且不是复多的。然而，如其余所有人一般，他也陷于困惑之中，说不清此为何物。他与所有以或此或彼的方式称谓它的发问者们一道钻研，是否有某个称谓与它相称。最终，他得出的结论是：没有人恰当地称谓了它，因为无论是谁赋予它某个名称，都将其摹绘成了某个差异者或是别的什么（quid aliud），而非万物那单纯至极的本质——他对此知晓得明明白白：本质不可能是某个差异者。他未尝于此堕入谬误，但却如其余所有人一般，在此处迟徊不

---

① Aristoteles Met. III 1 996a4—9; cf. III 4 1001a9sqq.; X 2 1053b25. 中译者按：此书汉译本参较吴寿彭译，《形而上学》，商务印书馆，1959年版，第44页；部分译名做了符合本书的调整，下同。

② Aristoteles Met. VII 1 1028b2—4. 中译者按：同前引书，第142页。

前。这是因为他看到，无有任何一种理智追索的模式足以把握住这如此为人所渴慕、如此超妙深玄的知识[4]。

费迪南德：我看出，这位哲人是碰上您先前提起过的那桩事情了。

库萨：何事？

费迪南德：因为那戮力追问何种可见之物乃是实体，并于可见之物当中以双眼寻觅它的人，不会注意到自己已然先行接收到了光，而若无这光，他便既无法追寻可见之物，也无法觅得它们了。倘使他现在注目于这光，便会终止在某个差异者中追寻的；发生于此位哲人身上的事情，与此如出一辙；正当他以心灵而对万物的本质展开追索时，这光——它经由"不异"一词而被称谓——迎面而来，他离了这光绝无可能觅见任何东西。此外他也未曾留意到，相对于追问者而言，这作为"不异"的光并无相异之处。可是，由于他凭着"不异"去找寻差异者，便仅只觅见了相异于差异者的东西；这就是他经过这场追寻而仅仅发现了某种太过渺远之物的原因。

库萨：你道出了实情。因为假使他觉察到，这为他的心灵看作抵达那所追寻的本原之中介的光，同时也就是追寻之鹄的，他便绝不会偏离正途，且还会省下许多气力。假使他宣称：我看得清楚，万物之本质不可能是别的什么——因为倘若它是某种差异者，又何以成为万物之本质呢？差异者否定了自己成为被追寻之物的资格；而倘若它必不能是某种差异者，那毋庸置疑，它必然就是那相对于一切差异者而言的"不异"了。然而，这相对于每个差异者都必定无所差异的东西，自然无法以另一种方式被称说。因此，如若人们现在应当以"不异"来称谓A，那么A无疑便是这被追寻者了。

注释

[1]斯塔基拉的亚里士多德（384–322 v. Chr.），柏拉图的学生，在雅典创立了被称作逍遥学派的哲学派别。自十二世纪中叶起，他的作品由阿拉伯文与希腊文翻译为拉丁语，从而为西方基督教世界所知。尤其是大阿尔伯特与托马斯·阿奎那曾致力于塑造某种基督教的亚里士多德主义，它最开始作为与占统治地位的柏拉图-奥古斯丁哲学并行的思想而登台，随后却不断赢得了更多的土壤。可以想见，文艺复兴之于经院传统的态度同时意味着对经院亚里士多德主义的反叛。费迪南德，这位传统的代言人，他敏而好学，向着枢机主教崭新的观察方法敞开了自己；而现在，他再次希望获得对这位迄今为止被自己视作不可动摇之权威的总结性评估。

[2]自然，库萨自其学生时代开始便已然对当时占统治地位的经院亚里士多德主义有所了解了；因此当我们在他的著作中找到一系列来自亚里士多德-经院传统的思想时，不必为此而感到诧异。然而，库萨自觉的思想并非来自这些共性，而是为差异性的感觉所决定的。在他看来，自己在精神上的伙伴并不来自亚里士多德主义者的阵营，而是那些来自古代与中世纪的柏拉图-奥古斯丁学派或受到毕达哥拉斯影响的思想者们。库伊斯图书馆中还有七部手稿带有对亚里士多德著作的翻译（cod. Cus. 179–185）。自1453年起，也就是枢机主教令他的秘书为自己抄写《尼各马可伦理学》（cod. Cus. 179），并令翻译者自己对他手中的那份《形而上学》译本进行二次修订的那一年，他似乎重新研习了这位斯塔基拉人的著作。然而，我们并未于他的著作中找到这段研究的更大回响，而所作的边注也显示出，他并不是作为学生，而是以批判者的身份来阅读亚里士多德的；他试图与亚里士多德相反对地断言自己观点的正确性。

[3]一条对亚里士多德哲学的毁灭性判决。这位尽管不乏原创性意识，但却依然乐于在早先的思想者们那里寻找自己先行者的库萨，在亚里士多德

身上没有看到任何有价值的新思想。他并未直接意识到来自传统的亚里士多德思想遗产在自己身上所产生的影响（参较前注）。然而，就其总体态度而言，比起共同点来说，库萨对于分离点的感受要更加强烈，而对经院哲学的生硬拒绝未曾有所更改——正如他在《辩护》中所表达出来的那样。

[4] 理智思想无力触及真理这一点，乃是库萨的基本信念之一。超越于知性之上的乃是直觉，乃是精神性的观照。这也可以从库萨对《形而上学》译本的边注中看出（cod Cus. 184）。在本书的这个位置上，库萨当然不是要说，亚里士多德自己达到了这种信念；而仅仅意在指出，这种信念在对他研究成果的评定中油然而生。

第十九章　辩排亚里士多德的逻辑学

费迪南德：若是亚里士多德注意到了您所说的倒好了！彼时他便会为我们节省下许多气力，以易简、精当又短小的言语将这隐秘流传下来了。他非唯不会使用那劳神费力的逻辑，亦且要捐弃那繁难的定义技艺——即便于钻研中使出了浑身解数，他依旧无力使其臻于完满。同样地，所有种类与理型方面的疑难与异见也都会随之消弭于无形，而他将会堂皇正大地使得人类知识止于至善。

库萨：对这位当然是值得敬重的哲人，你表现出了某种偏好；毋庸置疑，他拥有某种与生俱来的天赋，能够运用那种颖悟至极的知性。然而，这兴许对每一位勤于思辨的哲人而言皆是适用的；因为这乃是通往繁难的易简之道，它原可将那些苦苦追寻的思辨者，引向对心灵之全副观照而言无可置辩的真理[1]。就我看来，除却流传于世而为人们所把握的这种，再无更为便捷或是简短的法子了；完满的路径唯此一条，对此无人能赞一辞。它将人们的视线朝着本原的方向引去，观照者乃于彼处欢欣鼓舞，得着滋养并终于成长起来。人们再无法寻到另一种完满、圆成而整全的传统了，因为一切无法为心灵之眼的敏锐所看见、唯经由知性而能得以研究的东西，虽说看似能于相当程度上接近真理，却无法抵达终极的确定性——而那穷极玄微、周遍诸方的确定性乃是观照。

费迪南德：一切诚然如您所言。看上去，这位哲人无疑是穷其一生地试图由知性出发，择出那能够企及万物之实体的路径或技艺，却始终未能觅着令人满意的方案。这是因为，知性无法挺进到先于它的东西那里去，而由知性所产生的诸般技艺便更无法踏足那条不为知性本身所知的道路了。这位哲人确凿无比地相信，肯定命题与否定命题是对立的，而人们无法就一件事物而同时说出彼此悖反的命题[2]。然而，他是经由知性而作此判断的，他将这一判断显明为真理。假使有人就"何为差异者"一事难问过他，他便能全然正确地应道："它不异于差异者"；而倘若对方坚持不懈地继续追问道："差异者何以是差异者呢？"他便能如先前一般回答道："因为它不异于差异者。"由此他便会看出，"不异"与差异者并不作为悖反的名称而彼此对立；他还会发觉，那由自己为了显明道路而称作第一本原的东西并不足以抵达真理——它乃是为心灵超越于知性之上而加以观察的。

库萨：我完全赞同你所说的，且还要补充两句：他还以另外的方式为自己阻塞了通向真理之观照的道路。他宣称，既没有实体之实体，也不存在本原之本原，如我们在先前所谈到的那样；此外，他还要否认对立之对立的存在。倘使有人问他，是否于对立之物中看到了对立，他诚然会做出肯定的答复；倘

第十九章 辩排亚里士多德的逻辑学

使有人进一步追问：当他先行看到自己于对立之物中所见的东西时——有如原因之先于结果那般，他岂不是脱离于对立而看到了对立么？这一点他当然无从否认。也即是说，好似他于对立物中将对立看成对立物之对立那样，他也会先于对立物而看到那先于所言之对立的对立[3]，正如神学家狄奥尼修斯将天主观照为脱离于对立的对立物之对立一般。对那先于对立之物的对立而言，绝无任何东西是与其对立的。纵使这位哲人于第一哲学或是心灵哲学中马失前蹄，他却于知性与道德哲学中写下了许多令人怎么称赞都不为过的东西。然而，由于这些东西并不属于当下讨论的范围，我们关于亚里士多德到目前为止所说的便已足够了。

注释

[1] 我们在此获得了本书的标题：《窥道路向》。这篇著作因而是某种方法论，它要从理智思想那里引向直觉性的观照。参较第一章德译注[3]。

[2]《形而上学》Γ 3 1005 b 19-23："同样属性在同一情况下不能同时属于又不属于同一主题。"另参较Γ 6 1011 b 13-22。亚里士多德将矛盾律看作一切思想与认识的基础。他的存在论断言，没有东西能够在同一情况下既存在又不存在；这作为认识论的原理则意味着，没有判断能够既真又假。库萨全然知晓矛盾律对于理智认识而言的重要性，但他却认为，对这一原则的执着乃是密契直觉跟前的最大障碍。与此处相同，《眼镜》中也抱怨道，亚里士多德无力将自己提升到矛盾律之上（c. 25 S. 32, 13-17）。他非常清晰地在前面提到过的那封写给特格尔恩湖修道院院长的书信中总结了自己的看法（S. 114 bis 115）。参较 De ven. sap. c. 22。对亚里士多德所说的这些，也适用于所有哲学家，亦即普遍地适用于一切理智思想。

推理的、理智的思想将对立面视作无法统一的，而精神则能够超越于这种界限之上，于某种系统性的综合观照中体验到这些对立面的统一。虽然矛盾律在《论有学识的无知》中被直接否认，库萨的论敌约翰内斯·温克却正确地指出，"对立面的重合"之学说与这一原则是不相容的。在他看来，这一学说动摇了整个神学的基础（Vansteenberghe, De ign. litt. S. 21-22）。这促使库萨在《辩护》中对自己的观点进行了明确的强调：亚里士多德的追随者们虽然占了多数，但他们却将对立面的统一视同异端邪说，而这一统一却正是上升到密契神学的起点（Apol. S. 6, 7-12）。Cod. Cus. 96中的边注表明，库萨对大阿尔伯特——他在其它地方对其赞誉有加——也做出了相同的批评（尤其值得参较的是 fol. 105 u. 226）。

[3] 根据柏拉图主义的观点，相等的对象是经由对等同性的分有而相等的。因此，当存在相等之物时，等同性已然被预设了。对于认识而言，人们很容易弄清这一事实。我必须先知道何谓"等同"，才能断言两个对象是相等的。柏拉图将这种关系应用到了存在领域之内：等同性的存在乃是一切相等之物存在的条件。因此，库萨在柏拉图的意义上说道，矛盾乃是彼此矛盾的判断存在的前提。

然而，库萨在一点上背离了柏拉图。对后者而言，这个断言再明白不过了：相等的理型是相等的，因而在此意义上便必须同样声称，矛盾也是矛盾的。库萨却并不认为相等本身是相等的，或者矛盾本身是矛盾的；这种命题在他看来没有什么意义。至少有两个处于相等关系中的对象属于等同性，而在矛盾那里也是一样。故此，抽象的相等性无法被称作相等的；库萨在这里当了亚里士多德主义者。对于他来说，普遍的本质都是抽象，断言它们具有它们所由以抽象来的属性显然没有意义。同样地，对库萨而言，这些普遍本质也并非实体性的理型，但他却让这些普遍本质与柏拉图的理型一样成为了个体对象存在的条件，人们可以断言这些对象具有这些普遍本质。由此得出，矛盾虽然是矛盾判断的前提，但矛盾自身则不是矛盾的；用库萨的悖论式表达来说就是：无矛盾的矛盾。亚里士多德可以根据库萨的观察方式而将矛盾作为矛盾命题的条件，并由此断言它先于存在于矛盾中的矛盾，也就是说，先于具体的矛盾，而作为某种无矛盾的矛盾而存在，因为没有什么东西能够处于它的对立面，从而使其进入某种矛盾关系当中。库萨将由此判断而生的结论交由读者来得出。正如矛盾不再是矛盾的了那样，某种不与任何可被对象性把握之物相对立的东西便要先于矛盾——它正是对立面的重合与统

第十九章 辩排亚里士多德的逻辑学

一,或者说,它无对待地居于对立面之上。

没有对立的对立,没有终末的终末,没有元始的元始……这些称谓在天主之中还有一重特别的意义。在这里,基督教新柏拉图主义为库萨提供了一系列榜样(参较Augustin. Contra Maximin. II c. 17 n. 4 PL 42, 784; Petrus Lombardus Sent. I d. 29 c. 1 n. 254; Liber XXIV philosophorum prop. VII ed. Clemens Baeumker S. 209, 19)。库萨在《论天主之观照》中亦对此有所说明(Deutsche Übersetzung S. 93-94)。在伪狄奥尼修斯那里,对立之对立并非天主的称谓。库萨已经在《辩护》中将这一用法归给了他(S. 15, 15)。来自《论圣名》的一处段落(De div. nom. V, 10, PG 3, 825 V)可能与伪狄奥尼修斯那里其它的类似说法共同启发了库萨,并被他用作了其理论的支撑(De div. nom. V, 10; IX, 1 PG 3, 821 B; 909 B)。

第二十章　论柏拉图与普罗克洛斯

佩特鲁斯·巴勒卜斯·比萨努斯：我听闻[1]，教士，您已与费迪南德一同论及了许多使我欣悦无比的主题；而其中最令我惊异的，还是由大神学家狄奥尼修斯的著作中所引证的那些辞句。就当我于近些日子中，将柏拉图主义者普罗克洛斯论述那神一般的柏拉图之神学的著述由希腊语译为拉丁语时，于彼处觅见了同样的东西——正在那些如出一辙的文辞与表述中[2]。职是之故，我冀望于听您讲论些关乎柏拉图神学的事情。

库萨：你所谓的这位普罗克洛斯，佩特鲁斯，在时间上无疑晚于亚略巴古的狄奥尼修斯。然而，至于他可曾得观狄奥尼修斯的论著，这一点则无法确定。不过，请你更精确地讲讲，他们二人的论述于何处相吻合吧。

佩特鲁斯：正如狄奥尼修斯之谈论那纯然后于"一"的"一"那样①，普罗克洛斯也经由对柏拉图的引证而做了类似的

---

① 中译者按：见第十四章《神秘神学》引文，第63、65、70、71条。

事情[3]。

库萨：对于万物的第一本原，所有具备智慧的人兴许都意在说出相同的东西，而他们间的差异仅只在于表达方式的不同。然而，这位受普罗克洛斯如此极力鼓吹、仿佛一位具有人形之天主那般的柏拉图，他试图将视线集中于那先行的东西上面，并由此去观看先于一切可名之物的万物之实体。故此，当他发觉有形有象的可分之物既无法由自身而持存（subsistere），亦出于其孱弱与流变性而无法自我保持时，他便先于它而看到了灵魂，先于灵魂而看到了理智思想，先于理智思想而看到了"一"[4]。

在这一序列中，后者凭藉对前者的分有而得以持存。因而那万有都经由对其的分有而成其所是的在首者，仿佛便是先于这理智思想的，因为绝非一切万有悉皆分有理智。由此，以他的话来讲，理智思想无法触及那先于或"长于"（senius）① 它的东西[5]。我因而相信，柏拉图于他的心灵中藉由某种启示（revelationis），而以《罗马人书》中那位宗徒的方式把握住了万物之实体或本原；这位宗徒说道："天主已将自己显示给他们了。"② 我将这一启示于光的相似性中加以把握，这光经由其自身而进入了双眼。倘若它未尝开显出自身，那么便既不可被

---

① 中译者按："senius"一词在日常语境中意指"年长于"、"年老于"，在此则与库萨惯用的"先于"一道表示跳脱于时间性之外的永恒超越；译者姑取《庄子》大宗师章"先天地生而不为久，长于上古而不为老"义，将其译作"长于"。

② 中译者按：罗1:19："因为认识天主为他们是很明显的事，原来天主已将自己显示给他们了。"

看见、亦不可被认知了，这是因为它先于并超越于一切可见之物，从而保持为不可见的缘故。柏拉图于其书信中颇为简短地阐明了，事情正是如此。他写道：天主最终将自身显现给那些无比醒觉而又不懈地追寻祂的人；此种说法于普罗克洛斯的《〈巴门尼德篇〉注释》中复又出现了[6]。通过将这一论断作为真实的而加以接受，他讲道，灵魂以属灵的方式将所有后于它的东西都包蕴于自身之内，而在它观察自身时，仿佛是对着一面活生生的镜子那样，于其中照见一切分有其生命、由之而生存，并生机盎然地持存于世上的东西。而既然这些事物都具备于其内，它便于其相似性中向着那更早先的东西超升上去，正如普罗克洛斯在他的神学中所陈述的那样[7]。

佩特鲁斯：请您为我言明，此刻您所说的这些，是如何与您先前针对"不异"所论述的那些东西相合的吧[8]。

库萨：这对于悉心观察的人而言，原是清楚不过的事情；如普罗克洛斯所言，万有的原因必要为一切万有所分有[9]。故此，在他口中先于那作为"某一个"的"一"之"一"，并不异于前者，因为它乃是前者的原因。职是之故，他才将那存在的"一"之原因称作了"一"，以此来对"不异"进行表达。而正如他将存在之"一"的原因称作"一"那样，他也在相同的意义上，将存在者的原因称作存在者，将实体的原因称作实体，而于一切万有那里莫不如此。由此便可理解，一切存在且被称谓的万有都要将其所是与所名归功于那万有的原因；此原因于实存的万有中便是万有，这才使得万有皆能不异于其自身地存在与被称名。以此你便看到，一切名称——普罗克洛斯将它们唤作"被称谓者之名称"（nominatorum nomina）——都是先行的，正如那"一"之先于作为"某一个"而存在与被称谓的"一"那样。他由此而将这个"一"指派给了原因，藉此来强调：原因相对于结果（causato）而言并非什么相异的东西。故此，"不异"乃是那个于一切名称之中被称谓的名称[10]。

佩特鲁斯：我已看到，教士，此事乃是毋庸置辩的。然而，就当我将自己转向那"不异"之时，我发觉自己无法凭心灵把握住它究竟是什么。

库萨：你若是能将其把握住，那它也就不是万有的本原了——它于万物之中意谓着万有。人类的每个概念都是对于某物的概念。然而，"不异"乃是先于概念的，因为概念不异于概念自身。因此，"不异"被称为绝对的概念；唯独心灵能观照于它，而它于其他情形下则无法被把握。

佩特鲁斯：既然"不异"不与任何某个东西相异，而是万物之中的万有，那它莫不是于每个概念中都是一切么？

库萨：确如你所言。既然每个概念都由此而不异于这概念自身，那么"不异"便存在于每个概念中了，无论由此概念而被把握的究竟是什么；不过与此同时，这个作为"不异"的概念仍旧保持为不可把握的。

注释

［1］伴随着佩特鲁斯的重新介入，对话转向了普罗克洛斯的柏拉图主义。在与经院哲学及其首脑亚里士多德的论争之后，新的天主学说现在开始

被置于与柏拉图主义的关联之中。

[2]实际上,伪狄奥尼修斯与普罗克洛斯之所以经常在字面上相吻合,是因为普罗克洛斯乃是伪狄奥尼修斯的资料来源。教父哲学已经开始相信,这位作者便是宗徒的那位学生;这一传说在中世纪为其著作赋予了崇高的声望。在劳伦提乌斯·瓦拉(Laurentius Valla)动摇了这一信念后,研究者们开始反过来揭示出伪狄奥尼修斯与普罗克洛斯之间的关系(J. Stiglmayr, Der Neuplatoniker Proklos als Vorlage des sogen. Dionysius-Areopagita in der Lehre vom Übel. Hist. Jahrb. 16 1895 S. 253-73;关于这一问题的更多著作,参较 b. Überweg-Gezer S. 667-68)。

[3]参较普罗克洛斯:Elem. theol. prop. 1-6。

[4]库萨虽然占有一系列柏拉图对话录的拉丁语译文(codd. Cusan. 177 u. 178),但他对柏拉图主义哲学的看法首先是经由普罗克洛斯,在此处尤其是经过《〈巴门尼德篇〉注释》而形成的。因此他在这里将新柏拉图主义的本质学说归给了柏拉图,而这一学说实际上是普罗克洛斯从普罗丁那里接过的(参较前注)。

[5]整个位置几乎是对普罗克洛斯从字面上的直接借用,参较 Proklos. Elem. theol. prop. 20:"一切以某种方式存在的东西都分有'一';但却不是所有东西都分有努斯",以及 Theol. Plat. I, 21(S. 55 Portus):"质料与每一个存在者都分有'一';但却不是每个东西都分有理智及理智性的种与属。"参较第十七章德译注中对密契直观的讨论。

[6]参较柏拉图:Epist. VI 323 d:"当我们真正进行哲学思考时,我们所有人都会认识祂",以及普罗克洛斯:In Parmen. S. 924, 27; 985-86; 1018 f.; 1067; 1081 f.; 1115f. Cousin。

[7]参较 Theol. Plat. IV, 16 S. 208 Portus。

[8]到目前为止仅仅是对普罗克洛斯新柏拉图主义学说的介绍。现在,这些学说与关于"不异"的论题之间的一致性将要被显明了。与伪狄奥尼修斯一道,库萨也将普罗克洛斯看作自己思想的先行者。第一条在"不异"的意义上进行的定义就是在普罗克洛斯对柏拉图神学的注释那里的边注中出现的:"'一'不异于'一'"(参较 cod. Cus. 185 fol. 57^r)。由这些定义到"不异"作为天主概念的构想之间,已然只剩下一步了;它在普罗克洛斯那里的样本可以于以下位置找到:Theol. Plat. II, 3 S. 77 Portus; Theol. Plat. II, 3

S. 78 Portus。

［9］参较 Elem. Theol. prop. 12："一点由原因而来的火花必然到处内在于诸根据中。这尤其适用于第一因，万有都依赖于它，一切存在者经由它而拥有其存在。"

［10］"原因内在于一切效能"，以及由此而最终得出的"一切事物都分有'太一'"的学说都正确地还原了普罗克洛斯的观点。然而，对"不异"的断言由此便要存在于一切称谓之中，这当然是库萨自己所作的诠释。

第二十一章　论柏拉图之隐秘教诲

佩特鲁斯：当您于定义中说道："地不异于地"时，这个"于"（quam）不免令我困惑。因此，还望您能向我阐明此义。

库萨：你已然清楚看到，对于地而言，"地不异于地"这个定义是正确无误的；而另一个定义："地异于地"，则是荒谬的。

佩特鲁斯：所见的确如此。

库萨：那么，定义的真实性依赖于什么呢？

佩特鲁斯：我分明注意到，无论是在真实的抑或是荒谬的定义中，都存在"于"这个字眼；因此在我看来，定义的真实性与"于"无关，毋宁说它依赖于那个"不异"。

库萨：说得不错，那么"于"就并无规定之功了，因而它无法使你陷入困惑中。

佩特鲁斯：那么缘何还要将其加上呢？

库萨：这是出于它具有引导视线之功能的缘故。当我宣称"不异"不异于"不异"时，这个"于"便如"不异"之先于差异者那样，将我们的视线单纯地引向了"不异"之中；然

第二十一章　论柏拉图之隐秘教诲

而，当我宣称差异者不异于差异者时，这个"于"却是随之如此将我们的目光引向"不异"的：这"不异"在差异者中即是差异者。而当我断定"地不异于地"时，这个"于"便以此而将视线引向了"不异"：它于地中即是地。如此云云。

佩特鲁斯：所言甚当！现在我看到，对于问题"何为地"的"地不异于地"这个回答，显示了心灵的敏锐；心灵由此而看到，被称为"不异"的万有之本原规定了地，也即是说，于地之中的"不异"便是这地。若有人问："地何以便是地呢？"人们便须回答："因为它不异于地。"职是之故，地之所以为地的原因，正在于其本原或原因于其中便是它自身。而倘若有人如此问道："地是从何而成为那是地的东西呢？"那自然便要回答他："这要归功于它的本原，或者说，归功于那'不异'。"这是因为，地不仅是经由它而不异于地的，也同样是经由它而成其为地的。而倘若复有人问："善又是何以成其为善的呢？"那么便可以此作为回应："是根据那不异于善的东西而成其为善的。"这是因为，既然善并非是由什么别的东西而成为善的，那么这无疑便成为了必然：它乃是经由那"不异于善"的东西而成为善的。由此，地之为地也要归功于那"不异于地"的东西；一切万有，不外如是。以此方式，我便预先于本原，于这"不异"之中看见了万有。藉着"不异"，本原乃以至为单纯、至为独立的方式得着称谓；因为A不异于任何东西。职是之故，哲人们便给予了它各式各样的名称；包括原因、范本、形式、理型、种类等等，正如您先前令我看到的那样。

库萨：你的思索十分深入，佩特鲁斯，并且已然看到，万物之本原乃是经由"不异"而得以称谓的，因此它不异于差异者，乃是万物之中的万有。然而现在，请你回到柏拉图那里去吧；他曾意图于万有之中观照这自身即是万有的本原。他由此认识到，一切能够处于另一种情形中的事物，譬如形体、名称、定义、知性认识、观点等等，都绝无可能显示出本质，因为万物的本性与本质乃是先于这万物的。由此，他先行于差异者、不定者与多变者而看到，那先行于差异者的东西乃是一切实体之实体、一切本质之本质，它乃是万物之中的万有，乃是那为"不异"所称谓的东西。因而于这位在首者处，他看到万有皆从它自身及其恩宠中流溢而出，好似由一孔泉眼或是一个原因中涌出那样[1]。

佩特鲁斯：关于此节，柏拉图在他的书信中写得明明白白。不过他还补充道，万有最初都在那在首的君王那里，随后便到了第二位，而最终则到了第三位那里去[2]。

库萨：他对于万物之各不相同的存在方式有所洞察。这就是说，他先于一切差异者而照见了那单纯至极的本原；人们于此本原中获准，将一切被自己于差异者中视作有差异的东西，毫无疑问地尽数认作"不异"。当我藉着知性之眼进行观看时，便将"地"认作异于"非地"——譬如天或是火——的东西；而当我转而于本原中对"地"进行观看时，便会将之视作不异于"非地"的东西了，这是因为我将其看成了那不与任何东西相异的本原——此时我并未以如先前那般不完满的方式，而是在以无比精确与真常的方式观看它；因为对于任何事物而言，当它作为"不异"而被认出时，便都会以至为精确的方式而得着观看。也即是说，那将地当作"不异"而加以观看的人，看得才是最精准的；在此，它自身的本质连同万有的本质一齐为人所照见。另一种观看方式则是对地之本质的观看，它为理智思想视作异于水之本质抑或火之本质的某物，并跟随于"不异"之后，因为它与差异者之间有所差异；而这便是本质的第二种存在方式，或曰理智的存在方式。至于第三种存在方式，则是取道灵魂那里而得以触及的，就像这一个东西经由灵魂而与另一个区别开那样，根据某件事物或某件事物之本质所得到的感知。这——或许某种更高妙的东西——兴许便是柏拉图所意在讲述的。柏拉图小心翼翼而尽可能简短地将他这隐秘的要妙公之于众，并以其只言片语鞭策了许多颖悟绝伦的头脑[3]。

注释

[1] 有学者正确地注意到，库萨在使用"流溢"（emanare）一词时附加了这一描述了天主的有意志的原因性之表达（eius gratia）（Gandillac S. 368 Anm. 45）。这一流溢的表达在基督教创世学说的说明中完全是普遍被使用的（参较Bonav., Itin. ment. II, 7 und Thomas, S. Th I q. 45）。

[2] 这一段落来自柏拉图（Epist. II 312 e），为普罗克洛斯多次引用并作了评定；参较In Parmen. S. 626, 36 ff.; 1067, 23 ff. Cousin; Elem. theol. prop 103; Theol. Plat. II, 4。

[3] 这一关于某种柏拉图之秘传学说的传说首先奠基于《第二书信》中的某些段落上，柏拉图在其中由于担心这封信落入无资格之人手中而仅仅是暗示了他关于神的学说（Epist. II 312 d; 314 a）。新柏拉图主义十分喜

欢对这一警告加以再现：人们不应当将新柏拉图主义的哲学密契主义中那些最深奥的学说交到不具备资格、没有准备好的人那里去，他们不知道要如何以此开始（Philon, De Cherub. 48; Proklos, In Parmen. S. 928; Ps.–Dionysius, Cael. Hier. II, 2 PG, 140 A–B; Eccl. Hier. II, 2 PG 3, 393 B; De div. nom. I, 2 PG, 1000 A）。

库萨不仅仅重复了关于柏拉图与新柏拉图主义之秘传学说的传统（De beryllo S. 4, 1 ff.），而且也将其应用到了那些被怀疑为泛神论者的基督教作者那里，他们的作品必须得到正确的理解（Apol. S. 25, 1 ff.; 29, 11 ff.）。我们在加尔都西会的狄奥尼修斯（Karthäuser Dionysius Ryckel）那里也能找到相同的态度（De perfecto mundi contemptu Bd. 16 S. 158）。埃克哈特大师简单粗暴地将这种对作者观点与未经过训练的读者与听众的误解间的区分用于对他自己的辩护："而若是有人错误地理解了这话，正确教授它的人又能对此做些什么呢？"（Preger, Geschichte der Deutschen Mystik im Mittelalter. Leipzig 1893 I S. 348; vfl. Luther, De servo arb. Opera Weimar 1883 Bd. 18 S. 625）。库萨也为了他自己的学说而援引了这一规则，而他整个努力的意图都在于，使得通向至高真理的通道变得如此简易，以至于这些真理同样能为更简单的心灵所通达（Apol. S. 5, 19 ff.; Idiota I S. 8, 16 ff.; Beryll S. 4, 1 ff.）。

第二十二章　论"不异"之超言绝象

约翰内斯·安德列亚斯院长：我此前便已屡次听闻过您的高言[1]，教士，而现下我更是非同寻常地谛听到，您是如何将您精神的觉观重现于我们面前，并将我们的目光引向那在首者之中的：它乃是万物之中的万有。先于这您名之为"不异"的东西，绝无一物能被把握；而尽管如此，您却断言说，它乃是先于可名的万有而首先被看见的东西；这在我看上去，委实像是一种矛盾。

库萨：修道院院长，这位尊敬的教士，您将所听闻的东西回忆得十分准确；然而我却未曾说过，"不异"乃是那个东西的名称——它的称谓高居于一切名称之上。毋宁说，藉由"不异"这个语词，我意在向您彰显出我对于在首者之概念的称名。在我看来，我对于这不可命名者的概念再无法觅见更精确的名称了，因为它不异于任何某种东西。

修道院院长：我确然对此感到讶异：那为您先于并超越于一切差异者所看见的东西，何以自身却不是某种差异者——因为"不异"与差异者之间仿佛存在着对立，倘若柏拉图未曾于

《巴门尼德篇》中语及了几乎同一件事,而他的注释者普罗克洛斯未曾对此疑虑加以澄清的话。纵使柏拉图与普罗克洛斯对"一"与差异者展开了研究,且由此得出结论说,"一"不可能是某种与差异者相异的东西[2],您依然以更为精准的表述阐明了您的"不异"概念,从而令我清楚地看到,"不异"不可能异于任何差异者,无论后者是可名的抑或不可名的,因为"不异"是以如此的方式对万有进行了规定,以至于它即是万物之中的万有。不过,亚略巴古的狄奥尼修斯说道,天主也可以被称作差异者①;而这于《巴门尼德篇》中却是遭到否定的。

库萨:您理当记得,我以为柏拉图否认定义能够触及某个事物的本质,因为如普罗克洛斯所一同阐述的那般,本质为这定义团团包裹(circumponitur)了起来[3]。然而,当"不异"对自身与万有加以规定时,情况却并非如此。它并不是如此而规定那本质性的本原的,仿佛有人将线条拼凑在一起,从而规约与规定三角形的平面那样;毋宁说,它仿佛是确立起了那个人们称之为"三角形"的平面。而关于柏拉图与狄奥尼修斯的观点之间既无悖反、亦非对立这一点,您可以从如下的事实中看出:狄奥尼修斯称天主为差异者,这就有如我们普遍地将某位友人称作"另一个我"一样,其目的绝不在于展示某种区分,而毋宁说是在于某种联结(agglutinationem),如他所宣告的那般,朝向某种作为万物之中的万有之本质。柏拉图意在申明的亦不外乎如是。

---

① 中译者按:见第十四章《神秘神学》引文,第54条。

第二十二章 论"不异"之超言绝象

修道院院长：我确凿不移地看到，此种为你称作唯一真实的与本质性的规定，并非那种柏拉图所谓残损与破缺的定义[4]。当我愈发真切地认识到，这种观察方式如何愈是为人所知、愈是清明与简易，它便愈发地远离并挣脱于晦暗与疑惑的束缚时，便由内心深处对此感到惊异。由此再无人能怀疑，您的这些规定乃是这般真实，以至于它们已然真实地无以复加；万物之本质正于其间真常无碍地放出辉光[5]。不过，对于福音书中的如下段落，您又有何说法呢？——洗者若翰，这位于妇女所生者中至大的①，坚信无人曾觌见天主②，而这一点乃是为那天主的儿子——祂于福音书中被称作真理——所启示的③。

库萨：我所说的，与此毫无二致：天主对于每一种观看而言都是不可见的。因为设若有人声称自己看见了祂，那么他便无法将其所见形诸言语。那先于一切可见者与不可见者而湛然独立的东西，又岂能成为可见的呢？除非是说祂胜过了一切可见者，故而离了祂便无物被认出。因此当我照见，祂既不是天，亦非某种异于天的东西时——推而广之，当我照见祂既非什么差异者，亦非某种异于差异者的东西时，虽说是在照见，却对所见之物一无所知。此种我将之关联于天主的观照，并非什么可见的观看，而是要于可见中照出不可见的东西来。一旦

---

① 中译者按：玛11:11："我实在告诉你们：在妇女所生者中，没有兴起一位比洗者若翰更大的。"
② 中译者按：若1:26："你们中间站着一位，是你们所不认识的"；若1:31："连我也不曾认识祂。"
③ 中译者按：若14:6："我是道路、真理、生命。"

我看出，无人能看见天主这一点乃是真实不虚的，我便于一切可见者之上真实地照见了那位"不异"于一切可见者的天主。不过，对那超越一切观看的现实之无限性，那一切本质之本质，我却绝不将其看作可见的东西，因为可见之某物或对象与观看的能力相异。然而，那位不可能异于差异者的天主，祂却超越于一切对象之外。

注释

[1] 当修道院院长再次介入到对话之中时，他转向了对柏拉图的讨论。前面已经说过，库萨首先是经过普罗克洛斯的有色眼镜来看待柏拉图的。对他而言，普罗克洛斯所描述的是什么样子，柏拉图自己便是什么样子。这里尤其重要的是普罗克洛斯的《〈巴门尼德篇〉注释》，它将这篇对话的第一条假设转换成了某种形而上学的神学，便将柏拉图假设性地提出的那些东西看作了绝对的。

[2] 柏拉图：《巴门尼德篇》，139 b–140；普罗克洛斯：In Parmen. S. 1172, 27 f. Cousin.

[3] 库萨在此涉及到的是《第七书信》中的某个段落（342 b）。

[4] 参较《国家篇》VI 505 a;《美诺篇》71 e–79 e。

[5] 库萨自信比前人走得更远。在这一方面，他使得自己的对谈者们说出了些不再谦虚的话。参较 Apol. S. 36, 8; De possest fol. 177^r; 179^r.

第二十三章　论"不异"之观照，兼论其为善

修道院院长：关于天主这位造物者乃是不可见的，这一点已然不再使人讶异了；因为，倘若我们于城市建筑、船只、艺术品、书籍、画作与恒河沙数的类似事物中见到令人惊叹的理智之杰作，而理智却仍旧无法经由感性观看而为我们所触及，那我们便于其造物中认出了天主，尽管祂对于我们仍保持为不可见。由此而论，天与地也是天主的功绩，而却从未有人见过天主本身①。

库萨：观看无法看见它自己，即便它于其所见的差异者中，作为观看而触及了自身。然而那种作为观看之观看的观照，却无法于差异者中触及它的看见（cernere），因为它先于差异者。那么，既然它先于差异者而看见，此一观照中不存在差异性的观看者、可见之物与由二者所生出的观看。据此可知，天主——祂作为"theos"②，经由"theoro"或曰"观看"

---

① 咏102:26："在起初你奠定了下地，上天也是你手的功绩"；希1:10："上主！你在起初奠定了下地，上天是你手的功绩。"
② 中译者按：即希腊语词"Θεός"的拉丁化写法，是"天主"（Deus）一词的希腊语来源。参较本章德译注 [1]。

（video）而被称名[1]——乃是先于差异者的观照，祂唯有作为三位一体才能为我们所完满地照见；而无限且无界的观照之于差异者中，便是那不异于任何事物的观照。职是之故，智者们如是断言道，天主于独一且不可讲述的一瞥中照见其自身与万有，因为祂乃是观看之观照。

修道院院长：您已然展示了您之所见，谁又不愿对其点头称是呢？唯有那心灵愚顽而鲁钝的人才会矢口否认；天主这个先于差异者与一切万有的本原并不缺乏观照，毋宁说祂必定先于一切乏匮。倘若祂不缺乏观照，而是由观照方才称作"theos"的话，那么天主便拥有最完满的观照，祂以您先前所阐明的那种方式圆成并规定了自身与万有——这是先于差异者的。因此，这自身便是即三而一之"theos"的观照，无疑并是于这一种观看中照见自己，又于另一种观看中照见差异者，毋宁说祂正是以于其中照见自身的那种观照，同时照见了一切万有。此种观照即是规定。同样地，祂也并非自差异者那里而拥有其运动，就如同某个对象在我们之中驱动了那种能力似的；祂的观照毋宁说是确立，梅瑟以此方式说道：天主见光好，就有了光。① 职是之故，光乃是不异于光的东西，它经由这作为"不异"的观照而被看作了光。我由此看出，万有都是凭着独一的原因而不异于其所是的；之所以如此，是因为就观照作为"不异"而言，它除却不异于其自身的东西以外别无所见。然而，我尚还寄望于听您讲论些关乎善的东西。当梅瑟宣

---

① 中译者按：创1:3–1:4："天主说：'有光！'就有了光。天主见光好……"

第二十三章 论"不异"之观照，兼论其为善

称天主看那是好的，而那便已然造成了时[①]，他就已对这一点有所预示了。

库萨：您当已于《〈巴门尼德篇〉注释》中读到，天主之为人称作"善"，正如祂之为人称作"一"[2]；普罗克洛斯为此论证道，二者之所以是同一的，乃是因为它们穿透（penetrant）了万有。他意在表明的是：既然天主乃是万物之中的万有，我们便须给予祂那就我们看来与万物之内在本质相称的（omnibus centraliter adesse）名号——而"善"便反照于一切万有中。万有都渴慕它的存在，因为它乃是善的，而善就其自身而言便是令人倾慕且值得钦仰的。因此，当梅瑟想要描述那天主于其中现示了自身的寰宇之造就时，他便将朝向其造就而受造的诸个别事物称作好的，由此宇宙便成了对天主之荣光与妙智的完满启示。职是之故，那为祂先于差异者而于其自身中看作好的东西，正因它是善的，方才入于寰宇的造就之中。然而，既然天主先于差异者而照见了善，祂自身就并不异于这善了。假使有人能先于一切差异者，如其作为"不异"那般而照见这唯一的善，那么他定将发觉，除却那唯一先于"非善"（non-bonum）的天主外，便再无人是善的了[②]。一切万有无非差异者，因为它们能够以另外的方式作为别的事物而存在。由此，作为"不异"而不可成为其它事物的善本身，便无

---

① 创 1:10、1:12、1:18、1:21、1:25、1:31。中译者按：亦参见第16章，"梅瑟有言，造物者之所以要去造出万有，是因为祂见万有是好的"句下脚注。
② 中译者按：谷 10:18："耶稣对他说：'你为什么称我为善？除了天主一个外，没有谁是善的。'"

法在它们那里使自己得以确证。然而，需要留心的是，善之所以与本原相宜，是因为它先行于"非善"，而"不异"则先行于差异者并与本原相宜。这个我们由本原而加以称说的善，即是"不异"；而更为准确的说法仍然是：它之所以即是"不异"，乃是因为"不异"非唯规定了其自身，亦且对善进行了规定。

修道院院长：请留意这一点：善是否果真是先行于"非善"的呢？因为根据柏拉图的讲法，"非存在者"（non-ens）乃是先行于存在者的；推而广之，可以说否定普遍地先行于肯定。

库萨：当人们声称"非存在者"先行于存在者时，按照柏拉图本人的看法，这"非存在者"无疑是较存在者而为善的；对待否定之先行于肯定，亦须作如是观——它之所以先行，乃是出于它更善的缘故。然而，"非善"却并非什么比善更善的东西，因而善先行于"非善"，而唯有天主才是善，因为再没有什么东西比善更善了。不过，这仿佛与"非善"相异的善，并不是天主的准确名称。既然天主既不异于善，也不异于非善，亦不异于任何一种可名的差异者，那么此一名称便正如所有其它名称般，要从天主那里被悉数否定掉。职是之故，相较于"善"而言，"不异"这个称谓更加准确地指向了天主。

注释

[1] 希腊语中的"Θεός"（天主）一词之来自于"θεωρεῖν"（观

看），曾是某种流传广泛的大众语源学（参较Fr. Boll, Vita contemplativa. Heidelberg 1992 S. 7, 26; Boesch, Θεωρός. Zürich. Diss. Göttingen 1908 S. 1）。库萨无疑是从大阿尔伯特对《论圣名》的注释中获知此事的，那里写道："而'Theos'一词在希腊语那里有两种界定，因为它是由希腊语词'theorio'，亦即'观看'或'考虑'（considero）而得到界定的"（cod. Cus. 96 fol. 216ᵛ–217ʳ）。对此库萨评注道："'Theos'亦即'天主'由'theoro'而被称说。"

［2］参较《〈巴门尼德篇〉注释》: Comm. In Parm. 1064—71 Cousin。

第二十四章 论"不异"之为精神

修道院院长：现在我已经无比清晰地看到，那真理的导师何以仅只将天主称作善的了①。不过，教士，还望您能最后补充一点，此后我们便不会再继续叨扰您了：大师是出于何种原因而将天主称作"精神"的呢？②

库萨：他之所以将天主称作"精神"，是因为祂乃是非形体的，并不如形体一般被处所封闭起来。就此而论，非形体性的东西先于形体之物，无有方所的东西先于有处所之物，非复

---

① 中译者按：如玛19:17："耶稣对他说：'你为什么问我关于'善'？善的只有一个。'"谷10:18："耶稣对他说：'你为什么称我为善？除了天主一个外，没有谁是善的。'"路18:19："有一个首领问耶稣说：'善师，我要做什么，才能承受永生？'"

② 中译者按："spiritus"于思高本中对应的汉译不尽一致，如达4:15："因为只有你具有至圣灵明的精神"中译作"精神"；希12:9："何况灵性的父亲，我们不是更该服从，以得生活吗？"中译作"灵性"；户16:22："梅瑟和亚郎就俯伏在地上说：'天主，赐给一切血肉气生的天主！一人犯罪，你就向全体的会众发怒么？'"；户27:16："梅瑟向上主说：'望上主，赐给一切血肉气息的天主，委派一人管理会众'"中译作"生气"、"气息"等等。本章中根据语境，姑译作"精神"。

合的东西则先于复合之物。除却单纯之物与非复合物，人们又能于复合物中觅见什么呢？也即是说，复合物由自身而称谓了其非复合的本原。因为当人们于复合物中见到了复合物，而于后者中复又见到了复合物时，必然会出现如下情形：某物在更大程度上是复合的，另一个则于更小程度上是复合的。最终，人们便一路追溯到非复合物这里，因为先于复合物的乃是使物复合者（componens）——并没有复合物是自己将自己复合在一起的。由此，那先于部分与整全的使物复合者必然是非复合的；它先于宇宙与万有，而一切万有都以非复合的方式先行包蕴于其中。因此，于复合之物中，唯有非复合者能被照见。

心灵正是如此这般地，先于复合的线而观察到了非复合的点。点是一个符号，而与此相反，线则是一个称谓。可是，除却符号——它乃是称谓的符号——之外，于称谓中还能看到什么别的东西么？因此，符号乃是称谓的元始、中心与终末，有如点之于线，静止之于运动，刹那之于时间——一般而论，即是可分者之于不可分者。然而，我并未将不可分者于可分者中作为它的某个部分而看到，因为部分乃是整全的部分；毋宁说，我是先于部分与整全而于可分者中照见这不可分者的，并且看出，没有东西与它相异。设若我未尝认出它，那我根本就什么也认不出。进一步说，倘若我于它之内看见了差异者，那么除却"不异"之外，我便什么都未曾看到。因此，天主乃是精神的精神；藉由"不异"，祂得以先于每一个精神而被认出。一旦将它抽去，那么便既无精神、也无形体、亦无任何可名之物能够继续存在下去了。

正如人们能够因着"寒冷"的不可见性与活动——它可以于寒冷之物或是冰中被感知——于精神中对其进行称谓,而冰于此刻便消失无踪了那样;倘若人们将那导致了冷凝与结冰的精神抽去,那么冰也同样会随之消散——当起着联结作用的精神被抽去时,复合物之中的复合物也是这般坏灭的;而倘若存在着的精神消失,那么存在者也不例外。当那进行着区别与分辨的精神——或者表达得再准确些,设若那使得万物"不异"(non aliante)的精神撤去,那么一切万有也就毫无二致地悉数坏灭了。此一精神,我将之称作"不异";它于万物之中创造出万有,每个事物都是经由它才不异于其自身的。它乃是诸精神的精神,因为任何精神都不异于它自身;唯有于精神中或是心灵中,人们才能观察到此一精神的真际。唯有知性受造物那种被称作"心灵"的精神才能得见此一真理。然而,于此真理之内,它所照见的精神乃是那真理的精神——它真常无碍地产生了万有,使得它们如其所是地而存在。正如它将其照见那般,它也向其礼拜——于精神及真理之中。

修道院长:您已然将我,教士,指引向那我称之为万有之创造者的精神,正如先知所看见的那般,他向造物者礼赞道:"你一嘘气万物创成!"[①]正如想获得冰的人祈求精神嘘气以产生凝结的效果那样,对于一切人们所欲求的东西而言,情况莫不如是。您同样使我看到,那作为心灵的精神,乃是此一精神的某种形象。那种精神由其自身的力量而朝向万有推进,穷究

---

① 咏103,30.中译者按:见思高本《圣经》,咏104:30。

第二十四章 论"不异"之为精神

万有之要妙,并创造出万有的概念以及与之肖似的形象,我要说,它创造,因为它并不是由某种差异者中制成万物的概念之相似性的——而是如那自身即是天主的精神一般,祂并非由某种差异者中,而是由祂自身或曰"不异"中制成万物的诸本质。正如天主因此而不与任何可被创造者相异那样,心灵也不与任何可为它所理解的东西相异。

另外,我还看得真切,于一颗更彻底地抖落了躯体的心灵中,作为造物者的精神完满地反照出来,并创造出更为精确的诸多概念。然而,因为您的目的无非在于领我们与您一同精进,将我们引到对于首者、对于那万物中的万有之观照的康衢上面去,而在这通往觉解的旅途中,总有些人的步伐较另一些为快;所以现在,我想要您继续安享清静了。您的指引对我们而言已然足够。正是取此为径,您尝试将我们引向那个大本大原,它规定了自身与万有,曾因此而为万有所追寻,并还要继续因此而为万有不断地追寻下去,直至万世万代,终古不息。您经由"不异"而为我们开启的这条道路,十足地称了我们的心意。在此,我谨以所有人的名义致以永恒的谢忱,由今日至于永久,直至我们于熙雍圣山上,面对面地观照①这位永受赞颂的万神之神。

论竟。荣归上主!

---

① 中译者按:参较格前13:12:"我们现在是藉着镜子观看,模糊不清,到那时,就要面对面的观看了。我现在所认识的,只是局部的,那时我就要全认清了,如同我全被认清一样。"

论题汇纂

无比受人钦仰的教士，枢机主教库萨发明"不异"之胜义

一、那规定着自身与万有的规定，乃是为每一个心灵所追寻的。①

二、谁看到，"规定不异于规定"这事乃是至真至切的，谁便看到，那"不异"便是规定之规定。②

三、谁看到，"不异"不异于"不异"，谁便看到，"不异"乃是规定之规定。

四、谁看到，"不异"规定了自身与那规定万有的规定，

---

① 中译者按：参较第九章："万有都追寻那自'不异'而生的东西。然而，由于'不异'并不异于任何东西，它便为万有于最高尺度上作为存在之本原，作为保全的中介与止息的目标所追寻。"同一章："这意志于万有中产生了三重反照：亦即于存在中、认识中与追寻中……作为认识之本原而反照出来，灵魂的认识由之而生；作为追寻之本原而反照出来，追寻由之而获得了意愿。"

② 中译者按：参较第一章："定义乃是命题或本质规定性。然而'定义'之名由何而来呢？——从规定活动之中来，因为它规定了万有。"

谁便看到，"不异"不异于任何规定与被规定者。

五、谁看到，"不异"规定了本原，因为本原正不异于本原，谁便看到，"不异"即是本原之本原；他就此而将"不异"看作中心之中心、终末之终末、名称之名称、存在者之存在者、非存在者之非存在者；这于一切与每一个可被言说或思想的东西而言都同样适宜。

六、谁看到，出于"不异"规定自身的缘故，"不异"便不异于"不异"，而出于它规定万有的缘故，它便是万物中的万有、每一个中的每一个，谁便看到，"不异"乃是差异者之差异者，且不与差异者相对立。此乃古今无两的玄秘。

七、谁看到，倘若抽去"不异"，那就既不再有差异者，亦不再有无了[①]，因为"不异"乃是无之无，他便真切地看到，"不异"于万物中是万有，而于无中是无。[②]

八、绝无任何东西能绕过"不异"而进入人类的思想，因为它乃是思想之思想。而纵然"不异"不异于那自我反思的思想，它仍旧不是思想本身，因为思想并非这单纯的"不异"，而是不异于思想的东西；一切可言可议之物之于"不异"的关系，尽皆如是。

[①] 中译者按：参较第二十四章："天主乃是那精神的精神；藉由'不异'，祂得以先于每一个精神而被认出。一旦将它抽去，那么便既无精神、也无形体、亦无任何可名之物能够继续存在下去了。"同一章："设若那使得万物'不异'的精神撤去，那么一切万有也就毫无二致地悉数坏灭了。"

[②] 中译者按：参较第七章："现在我看到，那不异于无的无，先于它自己而居有'不异'。"第十四章狄奥尼修斯引文中的第44条："祂于万物之中是万有，而于无中是无。"

九、心灵所见之物，无法离开"不异"而被看见。这是因为，假若"不异"不是差异者之差异者，它便会看不见那差异者了。同理，假若"不异"不是存在者之存在者，心灵便看不见存在者；一切可言之物不外如是。亦即，心灵由作为"不异"的差异者而看到差异者；对一切万有而言，情况莫不如是。譬如说，它由作为"不异"的真理而看到另一个真理，由作为"不异"的本质规定性而看到另一个本质规定性。由此，它将任何差异者都先行看作"不异"。以同样的方式，它看到万有的名称、本质与它们除此之外所具有的一切东西，无不是自"不异"而有的。

十、谁看到，有限者不异于有限者，无限者不异于无限者，而在可见与不可见者、可数与不可数者、可量度与不可量度者、可概念化者与不可概念化者、可想象者与不可想象者、可以理智思想者与不可以理智思想者以及一切诸如此类之物那里，情况亦复如是，谁便看到，那为"不异"所称谓的天主，既不可为有限者、亦不可为无限者所限定，既不可为受尺规所量度者、亦不可为不受尺规所量度者所量度，既不可为可数的数字、亦不可为不可数的数字所计数，就此而不可概念化、不可想象、不可以理智思想，既不可为可名之名称、亦不可为不可名之名称所称谓，即便它既不与所有这些与另一些可被称说的东西间、亦不于它们之中存有任何差异。

十一、谁看到，"不异"是如何以规定自身的方式而规定万有的，谁便看到，它乃是与万有至为相称的量度，乃是更大者之更大、更小者之更小、相等者之相等、美好之物的美好、真实之物的真实、有生命者之活生生的尺规；一切万有，不外如是。

十二、谁看到，"不异"乃是其自身与万物的规定与被规定者，谁便看到，于他所见的一切事物中，除却那规定其自身的"不异"以外，他并未看见任何东西。因为除去那规定着自身的"不异"之外，他又能在差异者中看到什么呢？在天之中，除了那规定着自身的不异，他还能看到什么别的东西么？一切万有，亦复如是。由此，受造物乃是那规定自身的造物者之现示，或是那显现自身的光之现示——这光即是天主。它仿佛是那规定着自身的心灵之宣告，这心灵藉着活生生的言说而对面前的人、藉着信使或文字而对远方的人现示其自身。于这心灵的诸般现示中，除却那规定自身的心灵以外别无他物，它无比明了、无比生动地现示出来：于听众那里经由自己的言说，于远方的人那里经由信使，于无比渺远的人那里则经由文字。至于"不异"，这个诸心灵之心灵，也是由此而现示自身的——于最初的受造物中相对清晰，于其余的受造物中相对晦暗。

十三、谁看到，"不异"是如何不异于它自身而反照于永恒、真理与善中的——它于永恒中乃是永恒的永恒之永恒，于真理中乃是真常的真理之真理，于善中乃是善的善性之善性，一切万有，莫非如此；谁便看到，那位规定着祂自身的天主，于万有中即三而一地反照出来。这是因为，即三而一的"不异"于"一"中是统一的统一性之统一性，于存在者中乃是存在着的存在者之存在者，于尺寸中乃是大的尺寸之尺寸①，于量中乃是量的量之量，如此云云。

十四、谁看到，"不异"于差异者中便是差异者，谁便看到，否定于肯定之中被肯定。而谁先于肯定与否定而看到天主，谁便看到，天主于我们对其作出的肯定中，并不是某种被肯定的否定，毋宁说是肯定之肯定。

十五、谁于差异者中将"不异"看作是差异者，谁便于被加热者中将不被加热者看作被加热者，于被冻结者中将不被冻结者看作被冻结者，于被形成者中将不被形成者看作被形成者，于被制作者中将不被制作者看作被制作者，于可分者中将不可分者看作可分者，于复合者中将非复合者看作复合者——广而言之，于被肯定者中将不被肯定者看作被肯定者，并如此而将否定看作肯定的本原：它抽去否定之后即是肯定。职是之故，诸否定将心灵的视线引向"什么"之中，诸肯定则将其引向如此这般的"什么"之中。

十六、谁看到，那将心灵的视线引向本质的诸否定如何处于诸肯定之先，谁便看到，每个名称都称谓了一个如此这般的"什么"。这是因为，"形体"并不称谓非形体的本质，而是称谓了某个如此这般的本质，亦即形体；同理，"地"称谓地的本质，"日头"称谓日头的本质；一切万有，莫非如是。因此，一切名称都由某种感性符号而具有作为称谓性的功能，而它们

---

① 中译者按：此处原文中，"大"（magna）与"尺寸"或"大性"（magnitudo）为同源词。

所跟随的乃是万物之本质的符号。由此可见，为它们所称谓的并非这本质自身，而是作为如此这般之物的本质。然而，那先行观察它的心灵却对此加以否认：这语词与为心灵所视作本质的东西是相称的。

十七、心灵照见，"不异"何以即是活动之活动、至大之至大、至小之至小。由此它看到，这纯粹到无以复加的纯粹活动，从未于可能性中存在过，否则它便要为某种更为纯粹的活动引入现实之中了。心灵由此而看出，那能够以相异的方式而存在的万有，永远能够以相异的方式而存在，因而人们永远无法于可以领受"更多"或"更少"的诸事物中抵达现实的至大者——没有东西能比它更大。心灵还会看出，对那些能作为差异者而存在的东西而言，因为它们永不会触及"不异"，所以便永远能够作为差异者而存在。

十八、谁看到，那作为差异者之差异者的"不异"，何以不是这个差异者，谁便看到，差异者之差异者乃是有异之物的差异者，他同样看到，相等之相等乃是相等之物的相等，善之善乃是善之事物的善，如此云云。他分明看到，作为差异者之差异者的"不异"是不为差异者所分有的，因为它并非与其相异的东西，毋宁说它于其中便是它自身；而与此相反，差异者则是为差异者所分有的。对于相等、善与其它东西而言，情形亦复如是。故此，"不异"与其并无相异之处的那个善，是为另一些善的东西所分有的，而于它们之中每每不同。因而永远不会存在两个同样善或同样相等、而不能变得更善或更相等的东西；对于其它相似之物，情形亦复如是。也即是说，一切差异者都必然异于差异者,因为唯有"不异"是不异于一切差异者的。

十九、谁看到,天主既不异于那进行思想的东西,复不异于那被思想的东西,谁便看到,是天主将理智之所是给予了理智,令它不异于那进行着思想的理智,天主同样将可被思想物之所是给予了可被思想物,令它不异于那可为理智所思想的东西,他还看到,思想着的理智是不异于被思想之物的。由此,相较于其反照在感性中而言,"不异"更加清晰地反照于那不异于被思想之物的理智之中。正如知识之不异于被知晓的东西那般。这是因为,观看并非如此清晰地不异于所见之物的东西,聆听并非如此清晰地不异于所闻之物的东西;然而,理智思想——"不异"更为清晰地反照于其中——更少地异于可被思想之物,而能更加迅捷与明了地对其加以思想。理智思想乃是这样一种东西,它将可被思想之物制成某种不异于其自身之物,亦如那光愈是强烈,便愈是迅疾地将可被照明之物制成某种不异于其自身之物一般。然而,当万有确凿不移地追求于万有中规定自身时,人们便看到"不异"反照于万有之中,正如温暖要将万有都制成如此这般的温暖之物,由此使得自己不异于它们,并于万有中规定它自身那样;理智也要令万有都成为理智,并于万有中规定它自身。对于想象与其它一切事物而言,情形亦复如是。

二十、当心灵观察到不暖之物成为暖的,而又观察到寒冷之物成为暖的时,它乃是经由理智而触及不暖之物,而经由感性触及寒冷之物的;它发觉不可将二者等量齐观,因为它之所以触及它们，乃是凭借于不同的能力。而当它考虑到，不冷之物与不暖之物同样是经由心灵而被看见的，不暖之物可以变暖，不冷之物可以变冷，寒冷之物能够变暖，温暖之物能够变冷时，它便看到，不暖之物与不冷之物何以是同一种东西。之所以如此称说"不暖之物"，乃是因为，即便它并非于现实中就是暖的，但却能够变得温暖；同理，之所以如此称说"不冷之物"，乃是因为，即便它并非于现实中就是冷的，但却能够变得寒冷。因此，当温暖之物具有现实性时，寒冷之物的潜能依然保留着；而当寒冷之物具有现实性时，温暖之物的潜能依然保留着。然而，潜能是永不止息的，除非它于现实性中达到了其终末与完满，否则它便会成为徒劳的可能性——那样也就不会存在什么潜能了，因为没有东西是徒劳的。然而，因为潜能并不是自己将自己导入现实中的——此乃某种悖谬，它便必要有一位推动者，正是这位推动者朝向现实性而驱动着潜能。经此方式，心灵便看见了自然与自然的运动，同时也一并照见了"不异"——它乃是那个于自身中反照出来的自然之自然。

论题汇纂竟。荣归至善之上主。

译名对照表
（以拉丁首字母为序）

absolutus 独立的；绝对的
accidens 偶性
accies (mentis) 心灵的敏锐
actus 活动；现实、现实性
aenigmate 映像
aequalis 相等
affirmatio 肯定
Albertus Magnus 大阿尔伯特
Albinus 阿勒比努斯
aliud, alteritas 差异者；异于、相异；另一个、别的、另外的
Ambrosius 盎博罗削
anima 灵魂
ante 先于
antecedere 先行于
apostolus 宗徒
apparere 显现
Aristoteles 亚里士多德
ars 技艺
attingere 触及

audibile 可闻的

Bernhard von Waging 瓦京的贝恩哈德
bonum, bonitas 善
bonus 善的、好的

caelum 天
causa 原因
causatus 结果
cernere 认作；看、看见
certitudo 确定性
cessare 消失、消灭、坏灭
chaos 混沌
cogitation, cognoscere 认知、思想
color 色彩
compositum 复合物；复合的
comprehendere 把握、理解
concipere 把握、理解
connexio 联结
constituere, constitutio 确立；造就

contemplare 观察、静观
contradictio, contrarium 对立、矛盾
corpus 形体、躯体
creator 造物者、创造者
creatura 受造物

David de Dynanto 迪南的戴维德
De caelesti hierarchia《天阶体系》
De divinis nominibus《论圣名》
De divisione naturae《论自然的区分》
De docta ignorantia《论有学识的无知》
De ecclesiastica hierarchia《教阶体系》
definire, definitio 规定性、规定、规定活动；定义
deitas 神性
determinatio 界、限界、界限
deus 天主
dicere 说；宣称、断言；称作、称为、称说
Dionysius Areopagita 亚略巴古的狄奥尼修斯
discretio 限界
duratio 绵延
Dux neutrorum《迷途指津》

effectus 效能
elementatus 由元素产生之物
elementum 元素
elucere 放光
emanare 流溢
Empedocles 恩培多克勒

ens 存在者
esse 存在
essentia 本性
excedere 超越
exemplar 范本
existentia 实存
exprimere 表达
extra 外在、外在于

Ferdinandus Matim 费迪南德·马提姆
figura 形体、形象
finis 终末；目的、鹄的
forma 形式

Gaius 该犹
glacies 冰

Hierotheus 希罗忒乌斯
hyle 原质

idea 理型
ignorare 无知
imaginare 想象
imago 形象
infinitas 无限、无限性
intellectus, intelligere 理智；思想、理智思想；理解
Ioannes Baptista 洗者若翰
Ioannes Evangelista 传福音者若望
Iohannes Andreas Vigevius 约翰内斯·

安德列亚斯·维格维乌斯
Iohannes Damascenus 大马士革的约翰
Iohannes Scottus Eriugena 约翰内斯·司各脱·爱留根纳
iris 虹霓

lucere 辉映
lux 光

Maimonides 迈蒙尼德
manifestare 显现、显示
materia 质料
medium 中介
Meister Eckhart 埃克哈特大师
mens 心灵
mensura 尺度、尺规、量度
modus 模式；尺规
momentum 刹那
Mosel 摩泽尔河
Moyses 梅瑟
Mystica theologia 密契神学；《神秘神学》

natura 本性
medium 中心
negatio negationis 否定之否定
negativus 否定
Nicolaus Cusanus 库萨的尼古拉
nihil 无
nomen 名、名称、称谓、名谓、名号
nominare 称谓、称名；称作、称为

non aliud "不异"；不异于
notio 概念
nous 努斯
numerus 数、数字

omnia 万有、一切万有
oppositorum coincidentiam 对立面的重合
oratio 言说；命题
ostensio 展现、显现、显示、现示

Parmenides《巴门尼德篇》
participare 分有
Paulus 保禄
perfectio 完满性
Peripatos 逍遥学派
Petrus Balbus Pisanus 佩特鲁斯·巴勒卜斯·比萨努斯
Physis 自然
Plato 柏拉图
potentia 潜能、能力、权能；可能、可能性
praecedere 先行于
praesentia 当下
primus 在首者
principiatum 受本原所生之物
principium 本原；元始、开端
privatio, privatus 缺乏、乏匮
Proculus 普罗克洛斯
Pythagoras 毕达哥拉斯

译名对照表

quid 什么
quidditas 本质

ratio 知性；本质规定性；原因
realitas 现实、现实性
relucere 反照
res 物、事物；万物
revelatio 启示

saecula 世代
sapientia 智慧、妙智
scientia 知识
Secadium 塞卡狄乌姆
sensibile 可感的
sensus 感性、感知、感官
signatum 称谓
significare 称谓
signum 符号
similis 相似、肖似
similitudo 相似、相似性
simplicitas 单纯性
Sion 熙雍
Socrates 苏格拉底
solus 唯一的、独一的
sonus 声音
species 种类
spiritus 精神；灵、灵性
stabilis 稳定的
Subiaco 苏比亚科
subsistere 持存

substantia 实体
supersubstantialis 超实体的
supra 超越（于）、凌迈（于）、高居于……上

tempus 时间
terminare 规约
terra 地
Theologia Deutsch《德意志神学》
Theologia Platonis《柏拉图神学》
Thomas 托马斯
Todi 托迪
Torquemada 托尔克马达
trinitas 三位一体、圣三一

unio mystica 密契合一
unitas 统一、统一性
unitrinus 三位一体、圣三一、即三而一
universum 宇宙、寰宇
unum 一；某一个

venatio 追寻
veritas 真理、真常、真际
videre 观看、看作（成）；照见、观照
virtus 效力
visibile 可见的
visus 观看；观照；目光、视线
voluntas 意志
Vox spiritualis aquilae《神鹰灵音》